예불이란 무엇인가

예불이란 무엇인가

正覺 著

운주사

저자의 말

1. 강원에서 경전을 배우던 무렵부터 나에게는 꿈이 있었다. 크나큰 책을 한 권 묶어 내고 싶었던 것이다. 그 책은 전체 16권으로 구성되었고, 그 한 권 한 권이 모여 그 안에 불교의 모든 것을 포괄해 담게 되는 ……

그리하여 90년 봄에는 전체 16권의 목차를 짜고, 몇 달간의 작업 끝에 『가람, 절[寺]을 찾아서』를 완성했던 바 있기도 하였다. 그러나 당시의 책은 내용상 원래의 계획에 못 미친 채 출판되었다.

2. 그 뒤 강원을 마치고 마음의 강렬한 이끌림 속에 나는 인도(印度)를 찾았다. 그곳에서 2년 정도의 상념을 마무리한 가운데 나에게는 새로운 계기가 찾아왔다. 잠시 머물던 서울, 조계사에서 강의 요청이 왔던 것이다. 강좌 제목은 '예불(禮佛)이란 무엇인가?'였다.

'예불이란 무엇인가?'라는 강좌 제목은 강원에 머물던 당시의 상념을 떠올리게 하는 계기가 되었다. 그것은 애초 계획한 책, 16권의 전체 목차 가운데 끼어 있었던 것이기 때문이었다. 그러므로 그 강좌를 계기로 나는 강의에 참석한 사람들을 위한 강의록을 작성하였던 바, 이 책은 당시의 강의록을 토대로 많은 부분을 수정·보완한 것이다.

3. 예불이란 불교 신앙의 기본이며, 불교 교의(敎義)의 핵심이 그 안에 망라되어 있음에도 불구하고, 그에 대한 제대로 된 설명서 한 권 나와 있지 않았다. 이러한 실정에서 필자의 세세한 언급들조차 이후의 관념 형성에 적지 않은 영향을 미칠 것이라 생각되어, 원고를 작성함에 많은 신경을 쓰지 않을 수 없었다.

이 책은 전체 4부로 구성되어 있다. 제1부 「서설」 부분은 사회의 현대화 추세에 맞게끔 불교를 설명하고자 하는 의도가 담겨 있다. 새로운 언어로, 새로운 시각으로 불교 사상의 핵심을 설명코자 한 것이다.

그리고 제2부의 구성에서 우리는 전통적 관념 속에 예불에 깃든 불교의 우주관을 파악할 수 있게 될 것이다. 또한 제3부의 「게송 및 문구 해설」 부분을 통해서는 예불문을 통한 불교의 기초 지식을 전달하고자 하였고, 제4부 「법구(法具)」에 대한 설명을 통해서는 불교의례 속에 담겨진 그 내재적 의미성을 파악하는 데 도움을 주고자 하였다.

4. 또다시 가을이다. 계절의 교체에 가만히 눈감으면, 잿빛 하늘 저 멀리서 언젠가 그 옛날 시들고 말았던 꽃들이 제각기 색(色)을 지니고 내려오는 것이 보인다. 가을이면 부는 바람, 또 그 늦가을 바람에 휘날려질 나의 누비옷 ……

1993년 가을, 법주사에서

5. 개정판을 내며

처음 출간된 지 10년만에 몇몇 부분을 수정・보완하여 개정판을 내게 되었다. 많은 부분을 수정하지 않아도 된 것에 무척 다행함을 느낀다.

2003. 11.
正覺.

예불이란 무엇인가 | 차례

저자의 말 | 5

제1부 서설(序說) | 11
1. 예불이란 무엇인가? 13
2. 예불에 깃든 철학적 의미 18
3. 존재 해방으로서의 예불 22

제2부 예불의 구성 및 내적 의미 | 25
1. 예불의 구성 27
   1) 도량송(道場誦) 28
   2) 종송(鐘誦) 35
   3) 예경(禮敬) 41
2. 예불에 깃든 의미 및 상징성 53
   1) 예불과 음양(陰陽) 및 오행(五行)사상 53
   2) 예불에 깃든 인도(印度)적 우주관 59

제3부 예불의 게송 및 문구 해설 | 67
1. 도량송(道場誦) 69
   1) 정구업진언(淨口業眞言) 69
   2) 오방내외안위제신진언(五方內外安慰諸神眞言) 74
   3) 개경게(開經偈) 및 개법장진언(開法藏眞言) 77

4) 진언(眞言) 또는 다라니(陀羅尼) 79

   5) 사방찬(四方讚) 및 도량찬(道場讚) 83

2. 종송(鐘誦) 90

3. 예경(禮敬) 98

   1) 삼보(三寶)에의 귀의 100

   2) 오분향례(五分香禮) 103

   3) 예경문(禮敬文) 106

제4부 예불에 쓰이는 법구들 | 219

1. 목탁(木鐸) 221

2. 금고(金鼓) 225

3. 불전사물(佛前四物) 227

   1) 법고(法鼓) 228

   2) 목어(木魚) 230

   3) 운판(雲版) 232

   4) 범종(梵鐘) 233

4. 경쇠(磬쇠) 237

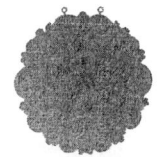

제1부 | 서설(序說)

새벽 3시의 산사. 한 스님이 가사·장삼을 걸치고 어둠 속에서 스적스적 움직인다. 목탁을 치며, 「천수경」을 낭송하며 …, 맑으나 조금은 어둠이 깃들어 있는 듯한 목소리는 목탁소리와 함께 온 도량을 차분히 감싸고돈다.

산사의 아침은 이렇듯 '도량송'의 은은한 울림과 더불어 열린다. '도량송'이란 절 마당을 천천히 돌며 목탁소리에 맞춰 경문을 낭송하는 것을 말하는데, 그것은 도량 전체를 청정케 한다는 의미를 담고 있다. 도량송이 끝나면 동시에 대웅전 법당에서는 아침 '종송'이 시작된다. '종송'은 일체 지옥중생을 구제하는 데 그 뜻이 담겨 있는 것으로, 옛날에는 종송과 함께 108번의 종을 울려 백팔번뇌의 소멸을 기원하기도 하였었다.

이렇듯 도량송과 종송이 진행되는 동안 스님들과 신도들은 양치질 및 세수를 마치고 법당에 들어가 부처님께 삼배를 드린 후, 자리에 앉아 조용히 종송이 끝나기를 기다린다. 그리고 종송을 거쳐 대종의 울림이 끝나면, 전 대중들은 자리에서 일어나 부처님께 합장·반배를 드린 다음 부전스님의 경쇠 소리에 맞춰 '다게'를 시작한다. 그리고 그것을 필두로 시작되는 아침 '예불' …, 이렇듯 스님들과 불교 신도들의 하루 일과는 새벽 3시, 대웅전 법당의 예불로부터 시작된다.

1. 예불이란 무엇인가?

– 존재(存在) 발견의 행위 –

예불(禮佛)이란 '부처님께 예배드림'을 말한다. 그렇다면 여기서 예배의 대상인 '부처님'이란 과연 어떤 분을 의미하는가? 2,500년이란 시간을 거슬러 그 옛날 인도(印度) 땅에 살아 계셨던 고타마 싯다르타(Gautama Siddhārtha), 곧 역사적 인물로서 부처님을 말하고 있는가? 아니면 인간 스스로의 마음에 내재해 있는 불성(佛性)을 뜻하고 있는가?

이를 설명해 주는 하나의 교훈적인 일화가 선가(禪家)에 전해지고 있어, 그것을 인용해 보면 다음과 같다.

옛날 운수행각(雲水行脚) 중 한 스님이 산속 깊은 절에 이르러 묵게 되었는데, 방이 너무 추워 땔감을 찾고자 했으나 찾지 못해 법당에 모셔진 나무로 만든 부처님〔木佛〕을 장작 삼아 불을 때어 하룻밤을 따뜻하게 지냈다는 것이다. 그때 그 스님에게 있어 '부처님'이란 과연 무엇을 의미하고 있는가?

한편 '목불(木佛)은 불[火]을 건너지 못하고, 니불(泥佛: 진흙으로 만든 부처)은 물[水]을 건너지 못한다'고 말할 때, 여기서 부처님은 역사적 인물로서 고타마 싯다르타를 말함인가? 아니면 또 다른 무엇을 이야기하고 있는가?

예배 대상에 대한 우리의 관념. 이것을 명백히 하지 못할 때, 자칫 우리는 불교 자체를 잘못 받아들이는 오류에 빠지게 된다. 곧 역사적 인물로서 붇다(Buddha), 고타마 싯다르타를 우리의 예배 대상으로 설정하게 된다면 우리는 일신론(一神論) 혹은 다신론(多神論)적 오류에 빠져들게 되는 것이고, 역사적 인물로서 고타마 싯다르타, 이후 깨달음을 이루어 존재자(存在者)로서 궁극의 목적을 성취한 한 인간을 기독교적 신(神)과도 같이 인식할 위험에 처하게 되는 것이다.

그러나 불교는 특정 신을 숭상하는 유신론(有神論)이라기보다는, 오히려 무신론(無神論)적 성격에 그 초점을 맞추고 있다. 신학(神學)·신론(神論)이 아닌 철저한 인간학(人間學)·인간론(人間論)에 그 토대를 형성하고 있는 것이다.

그렇다면 우리의 예배 대상으로서 '부처님'이란 무엇인가? 그리고 그에 따른 예불이란 과연 어떤 의미를 가지게 되는가? 이제 예배 대상으로서 '부처'를 설명키 위해 우리는 대승불교(大乘佛敎)의 정수(精髓)를 담고 있는 『법화경(法華經)』의 요점을 드러내 보일 필요가 있다. 『법화경』 가운데 특히 「약초비유품(藥草比喩品)」, 「장자궁자품(長子窮子品)」, 「500제자 수기품(五百弟子受記品)」 등에는 모든 인간들뿐만이 아닌, 길가에 널려진 돌멩이들에까지도 '불성(佛性)'이 내재해 있음을 말하고 있다. 결론적으로 말하면 『법화경』은 역사적 인물로서의 '부처'뿐만이 아닌, '존재하는 모든 인간·생류(生類)' 안에는 모두 불성의 씨앗이 내재해 있으며, 과거의 부처뿐만이 아닌 현재의 부처, 아니 '가능성의 부처'인 '나와 타인'·'나와 사물'에 대해 말하고 있는 것이다.

그리하여 『법화경』 「방편품(方便品)」은 다음과 같은 내용을 기록하고 있기도 하다. "부처나 범부(凡夫), 지혜 있는 자나 어리석은 자, 착한 이나 악한 이, 주(主)와 객(客)이 일여(一如)한 것"임을 말이다. 이것은 자신과 타인을 구별치 않고 존재를 분별없이 포착하는 제법실상(諸法實相)의 이치를 천명한 것으로, 이러한 『법화경』의 근본사상을 깨닫지 못하면 진정 불제자(佛弟子)라 말할 수 없는 것이다. 그리고 이러한 배경 아래 『법화경』 「상불경보살품(常不輕菩薩品)」은 다음과 같은 내용을 기록하고 있기도 하다. "존귀한 인간들이여, 나는 당신을 경멸하지 않습니다. 당신은 멸시를 받아서도 안 됩니다. 당신들은 모두가 보살행을 행하여 여래(如來)·응공(應供)·정등각자(正等覺者)

가 되어야 하기 때문입니다."

　이상에서 생각해 볼 때 우리의 예배 대상으로서 '부처'란 무엇인가? 그것은 역사적 인물로서 고타마 싯다르타뿐만이 아닌, '나와 남, 나와 사물까지도 포함된 모든 존재자'를 함포해 가지게 된다. 세상의 모든 존재물, 그리고 그 모든 존재물 중의 하나인 나〔我〕. 그러므로 주체적 측면에서의 모든 '나〔我〕'는 '가능성의 부처'가 되어 나〔我〕의 예배 대상으로 등장하게 된다는 말이다.

　그렇다면 예불(禮佛)이란 무엇인가? '부처가 따로 없고 중생이 따로 있지 않다면 이 몸이 곧 법당이요, 이 마음이 부처〔心卽佛〕인 한에 예불이란 무엇인가?' 이것은 곧 불교의 휴머니티(Humanity)를 설명한 말로서, 가능성으로서의 부처인 나와 남을 위한 헌신을 통해 총체적 존재의 위상을 발견해 보고자 하는, '불교적 존재관'의 적절한 표현이자 존재(생명) 해방의 정신이 깃든 포용성 깊은 불교적 우주관을 설명하고 있는 말이라 하겠다.

　예불이란 순간순간 끊임없이 자신의 모습을 똑바로 바라보는 것을, 즉 존재의 참됨을 인식하는 것을 말한다. 예배하는 이와 예배 받는 이가 온통 없어진 행위의 불가사의(不可思議) 속에서, 나[自]와 남[他]이 존재하지 않는 위상공간(位相空間) 속에서 허무(虛無) 아닌 무(無)를, 허공(虛空) 아닌 공(空)을 발견해 낸다는 것. 그리하여 예불이란 행위적 표현을 통해 허무 아닌 무(無)이자 허공 아닌 공(空)의 실체를 발견해 낸다는 것, 즉 존재 자체(存在自體)를 발견해 낸다는 것에 그 초점이 맞춰져 있는 것이다.

2. 예불에 깃든 철학적 의미

'존재 자체'를 발견해 낸다는 것. 그렇다면 존재(存在)란 무엇인가? '존재(存在: Esse)'와 '존재자(存在者: Essentia)'적 구분에 있어서의 존재를 말하는가? 그러나 아니다. 절대자(Esse)를 배제한 존재자(Essentia) 속에 그 기반을 두고 있는 종교, 불교는 '초월적 있음(超有: 있음 자체, 즉 Esse)' 자체를 인정하지 않는다. 즉 제1원인(第一原因)에 대한 설명에는 오직 무관심만을 표할 뿐인 것이다.

그렇다면 '존재자와 결별된 무엇'으로서 존재는 어떻게 생성되는 것이며, 어떻게 우리에게 인식되는 것일까?

이를 설명키 위해 우리는 불교의 연기론(緣起論)을 살펴볼 필요가 있다. '이것이 있으므로 저것이 있다'는 상관관계 속에 모든 존재는 그 존재감을 드러내고 있다는 것으로, 이 속에서 우리는 A-B-C 등의 상관관계 속에 위치한 사물의 존재감을 인식하게 되는 것이다. 이렇듯 순환적 고리 속에 존재하는 나. 이

속에서 우리는 끝없는 상관관계만을 발견할 수 있을 뿐, 나〔我〕라는 실체를 발견해 내지 못한다. 나〔我〕란 없는 것, 그 나〔我〕란 남〔他〕과의 상관관계 속에 존재의 빛을 드러내는 것으로, 그 상관관계를 무시해버리면 우리는 나〔我〕라는 실체 자체를 발견할 수 없게 된다는 말이다.

나를 나라고 불러줄 '또 다른 나'로서 남이 존재치 않는다면, 나는 존재하지 않는다. 김춘수의 시(詩) 「꽃」에서 볼 수 있듯이, '내가 너를 꽃이라 불렀을 때 너는 나에게 다가와 꽃이 되는' 호환적 논리 속에서 모든 외적 존재는 다만 잠재태(潛在胎)로서만이 존재할 수 있게 되는 것이다.

그렇다면 '잠재태로서의 외적 존재'는 상호 어떤 과정을 통해 서로의 존재감을 인식하게 될 것인가? 여기서 우리는 하이데거(M. Heidegger)의 '비은폐성(非隱蔽性, αλέτεια)'이란 개념을 들어 말할 수 있다. 즉, "모든 존재는 스스로의 존재감을 드러내고(투사하고) 있다"는 말을. 이 말을 나는 다음과 같이 인식한다. 모든 존재는 열려진 존재이며 스스로의 파동(에테르의 파장)으로 자신의 존재를 드러내고 있으며, 그 파동과 파동의 중간 지점에서 서로의 존재감이 형성・인식되는 것이라고 ……

예를 들어, 지금 내 앞에 한 송이 꽃이 놓여 있다고 하자. 그런데 그 꽃은 스스로의 파동을 투사(投射)시킴으로써 언제나 자신의 존재감을 드러내고 있다. 이에 그 꽃을 향하는 나의 눈(존재; 안식眼識)의 파동과 그 꽃의 파동과의 중간 지점에서 비로소 하나의 존재가, 존재감이 형성되며 서로에게 인식되는 것이라고 말이다.

이렇듯 파동(에테르)과 파동과의 만남. 그 만남의 공간 속에서 두 파동간에는 하나의 동심원(同心圓)이 형성되며, 그 동심원이야말로 우리에게 존재 인식의 가능성을 형성해 주는 것으로, 존재 자체의 원리로서 인식될 것이기도 하다.

한편, 마음의 종교라 불리는 불교의 인식론적 관점에서 설명해 본다면, 우리가 어떤 사물의 존재감을 느낄 수 있는 것은 그 사물을 향한 우리의 마음이 형성된 것과 때를 같이 한다. 마음의 작용, 즉 사념(思念)의 에테르를 투사함으로써 언제나 자신을 드러내고 있는 한, 사물과 나의 마음(또는 나)은 만나 그곳에 한 사물이 존재케 된다는 말이다. 이것은 분명 위의 논리와도 맥을 같이 하는 것이다. 그러기에 불교는 말한다. '한 생각 일으키면 하나의 사물이 성(成)하고, 한 생각 없어지면 하나의 사물이 쇠(衰)하는 것이라'고 ……

그럼에도 이것이 존재의 진정한 의미를, 존재 자체를 발견해 내는 것이라 말할 수 있을 것인가? 그러나 이러한 행위는 존재 자체를 나의 상념의 테두리 안에 가두는 '존재 구속의 원리'로서밖에 작용하지 못한다.

　그렇다면 존재를 존재 자체로 풀어놓는 일이란 어떤 것인가? 우리들 상념(想念)의 중단이며 존재감을 투사하지 않는다는 것인가? 그러나 그것 또한 아니다. 존재를 일으켜 존재 자체의 목적에로 그 방향성을 돌려주는 데 존재 해방의 진정한 뜻이 담겨져 있는 것이다. 즉 '거짓 있음〔假有〕'의 존재 속에서 존재 자체의 실상(實相)을 발견하고 그 실상의 참됨, 그 실상 속에 잠긴 존재의 참뜻을 찾아내는 데 그 뜻이 있다는 말이다. 그리고 그 뜻을 표현하는 말이 『반야심경(般若心經)』의 '색즉시공(色卽是空)'의 의미이며, 불교 궁극적 진리로서 '반야바라밀다(般若波羅密多)'의 참뜻이 되기도 하는 것이다.

3. 존재 해방으로서의 예불

'색즉시공(色卽是空)'의 원리, 즉 '눈에 보이는 모든 현상은 공(空)한 것'이라는 것. 어떻게 우리는 이 참뜻을 요달(了達)할 수 있을 것인가? 우리는 부처님께서 마지막으로 남기신 『열반경(涅槃經)』의 다음 구절을 기억할 수 있을 것이다. "너희는 저마다 자신을 등불 삼고, 진리에 의지하라. 진리를 등불 삼고 진리에 의지하라"는 '자등명 법등명(自燈明法燈明)'의 뜻을 말이다. 사실 이것은 '자귀의 법귀의(自歸依法歸依)'의 의미, 즉 스스로[自]에 귀의하고 법(法)에 귀의하라는 말인 바, 이것은 곧 예불의 '자심귀의(自心歸依)'의 참뜻을 표현하고 있는 것이라 말할 수 있다.

그럼에도 자심귀의의 참뜻은 이렇듯 스스로에, 그리고 법에 귀의함만을 말하지는 않는다. 궁극에는 귀의하는 실체를 넘은 '아공법공(我空法空)'의 원리를 강조하고 있는 것으로 여기에 예불의 참뜻이, 그리고 존재 해방의 참다운 원리가 숨겨져 있다.

'아공법공'의 원리. 나의 실체〔我〕뿐만이 아닌, 존재 일반〔法〕마저도 실재치 않는다는 것. 그러므로 우리는 예불을 마무리하는 가운데 다음과 같은 『반야심경』의 구절을 외우게 된다. "사리자 시제법공상 불생불멸 불구부정 부증불감 시고 공중무색(舍利子 是諸法空相 不生不滅 不垢不淨 不增不減 是故 空中無色) ……"

위에 인용한 『반야심경』의 구절을 뜻으로 새겨 보면 다음과 같다. "사리불이여, 세상 모든 것은 다만 인연(因緣)에 의해 생겨나는 것, 그 실체를 찾아볼 수 없는 것이다. 그것은 생겨나는 것도 없어지는 것도 아니며, 더러워지거나 깨끗해지는 것도 아니고, 불어나는 것도 줄어드는 것도 아니다. 그러므로 세상 모든 가운데 물질도 없고 ……"

이것은 결코 사물·존재의 허망성을 말하고 있는 것이 아니다. 불교의 연기론(緣起論)은 공존·평화의 세계관을 드러내고 있는 것이다. 참다운 존재의 해방을 염원할 뿐 아니라 공존(共存)하는 무수한 사물들 속에서 존재의 실체를 탐구해 나가는 데 그 진정한 뜻이 담겨 있다는 말이다. 그러므로 불교인들의 예불은 『반야심경』으로 끝마쳐진다. 자신 존재의 참뜻을 찾아 나서는 작업만이 아닌, 여타 존재의 해방을 위한 참다운 시도. 이 어려운 뜻을 조금이나마 쉽게 전하기 위해 나는 샤르트르(J. P.

Sartre)의 다음과 같은 구절을 인용해야만 한다.

다음은 그의 소설 『구토(La nausée)』를 인용한 것으로, 이것은 불교적 존재론의 존재 인식 및 존재 해방의 원리를 담고 있는 아주 적절한 표현이 될 것이다. 즉 다음 구절은 일상적으로 우리와 관계 맺는 모든 사물에 대한 그 관습과 의미성을 제거해 버릴 때에야 비로소 존재가 드러남을 말하고 있는 것이다.

"… 〈중략〉 … 나는 공원에 있었다. 마로니에 뿌리는 바로 내가 앉은 걸상 밑에서 땅에 뿌리를 박고 있다. 그것이 뿌리였다는 것이 이미 기억에서 사라졌었다. 어휘는 사라지고 그것과 함께 사물의 의미며, 그것들의 사용법이며, 또 그 사물의 표면에 사람이 그려 놓은 가냘픈 기호도 사라졌다. … 〈중략〉 … 갈매기가 '존재하는 갈매기'라는 점을 느끼지 못하고 있었다. 보통, '존재'는 감추어져 있다. 그것은 여기 우리들의 주위에, 그리고 우리들 내부에 있다. 그것은, 즉 '우리'이다. … 〈중략〉 … 만약 누가 존재가 무엇이냐고 물어봤다면 나는 기꺼이 그것은 아무 것도 아니며, 사물의 본질을 변화시키지 않고 밖으로부터 와서 사물에 부가되는 공허한 형태일 뿐이라고 대답했을 것이다. 그런데 여기에 …… 존재는 갑자기 베일을 벗었다. 존재는 추상적 카테고리에 속하는 무해한 그의 태도를 잃었다. 그것은 사물의 반죽 자체이며, 이 뿌리는 존재로 반죽되어 있다"는 ……

제2부 | 예불의 구성과 내적 의미

자기 존재의 참뜻을 발견함에 그 의미를 두고 있는 예불은 '자심 청정에 귀의한다'는 내면적 뜻을 지니고 있는 한편, '여타 존재에 내재해 있는 불성에의 귀의'라는 존재 해방의 또 다른 시도, 그리고 '그 행위 자체를 통한 절대적 힘과의 친교'의 의미를 담고 있기도 하다. 한편 예불의 진행 및 형식에는 상당한 구성 양식 및 그 의미성이 담겨져 있기도 하는 바, 이제 예불 전체의 구성과 구조를 밝혀 보는 가운데 예불 자체에 담긴 내적 의미 및 그 상징성의 뜻을 파헤쳐 보기로 한다.

1. 예불의 구성

새벽 3시부터 열리기 시작하는 산사(山寺)의 아침. 그 아침을 일깨우는 '도량송(道場誦)' 목탁소리를 시작으로 '종송(鐘誦)' 및 '예경(禮敬)'으로 이어지는 일련의 길다란 의식절차를 통틀어 우리는 예불이라 부른다. 혹은 '다게(茶偈)'나 '오분향례(五分香禮)'로부터 '헌향진언(獻香眞言)', '예경문(禮敬文)'으로 이어지는 '예경'의 짧은 부분만을 협의적 의미에서 예불이라 칭하기도 하는데, 이를 간략한 도표로 만들어보면 다음과 같다.(도표. 1)

예불의 구성	
넓은 의미의 예불	좁은 의미의 예불
● 도량송(道場誦) ● 종송(鐘誦) ● 예경(禮敬)	● 예경(禮敬) 　○ 다게(茶偈), 혹은 　○ 오분향례(五分香禮) 　　 및 헌향진언(獻香眞言) 　○ 예경문(禮敬文)

도표 1. 예불의 구성

이제 위 도표를 전제로 예불 구성의 각 사항들을 분석해 보기로 하겠는데, 이러한 분석을 통해 예불이라는 전례(典禮) 구조 속에 담겨진 보다 폭넓은 의미를 발견해 낼 수 있을 것이다.

1) 도량송(道場誦)

'도량송'이란 도량을 청정케 한다는 의미의 예식 행위를 말한다. '광의(廣義)의 예불'에 있어 그 무대 혹은 단(壇)을 설치하는 기초작업에 해당하는 것으로, 주변을 깨끗이 정화하고 그리하여 성스러운 힘이 이곳 도량에 찾아들기를 기원함에 그 뜻이 있다. '정구업진언(淨口業眞言)'으로부터 시작한 도량송은 '도량찬(道場讚)'에 이르러 그 단락을 맺게 되는데, 이를 좀더 설명하기 위해 위 내용을 도표로 그려보면 다음과 같다.(도표. 2)

도량송(道場誦)의 구성
(1) 도량석(道場釋)
① 정구업진언(淨口業眞言)
② 오방내외안위제신진언(五方內外安慰諸神眞言)
③ 개경게(開經偈) 및 개법장진언(開法藏眞言)
④ 진언(眞言) 또는 다라니(陀羅尼)
(2) 사방찬(四方讚)
(3) 도량찬(道場讚)

도표 2.
도량송의 구성

(1) 도량석(道場釋)

위 도표에서와 같이 '도량송'은 도량석(道場釋) 및 사방찬(四方讚), 도량찬(道場讚) 등 세 부분으로 나누어진다. 여기서 '도량석'이란 도량(道場)을 '다스림〔釋〕'을 의미하며, 일정 예식을 통해 도량을 정화하는 작업을 뜻한다. 그리고 이렇듯 도량을 정화하는 방법으로써 짤막한 진언(眞言) 및 다라니(陀羅尼)를 독송하게 되는데, 그 도량석의 진행을 순서대로 설명해 보면 다음과 같다.

우선 도량석은 '정구업진언(淨口業眞言)'으로부터 시작된다. 어느 무엇을 깨끗이 한다던가, 무엇을 찬탄코자 할 때 우리는 먼저 스스로를 깨끗이 해야 할 필요가 있다. 그러므로 말〔言〕이라는 수단으로써 도량을 깨끗이 하고자 할 때 우리는 먼저 우리 입〔口〕을 맑혀야 하는 바, 우리 입을 맑히고자 하는 뜻으로 '정구업진언'을 외우게 되는 것이다.

이상 정구업진언을 외운 후 '오방내외안위제신진언(五方內外安慰諸神眞言)'을 외우게 된다. 이는 진언 명칭상 '동·서·남·북 사방(四方) 및 중앙 등 다섯 방위에 위치한, 곧 온 천지에 머물고 있는 모든 신(神)들을 편안케 하고 위로하고자 외우는 진언'인 바, 그럼에도 그 내용을 살펴보면 위 진언은 제신(諸

神)을 안위(安慰)케 한다는 뜻보다는 '준제보살 내지 성중(聖衆)들을 도량에 청해 모시는 진언'으로서 소청진언(所請眞言)의 의미를 갖는다.

이렇듯 자신의 입[口]을 맑히고 모든 신(성중聖衆)들을 청해 모신 다음, 비로소 진언 혹은 다라니를 외우게 된다. 그러나 경전 또는 다라니 등을 독송하기 전에 '개경게(開經偈)' 및 '개법장진언(開法藏眞言)'을 외워야 하는데, 이것은 '경전 혹은 다라니를 외움으로써 부처님의 높은 가르침을 다 알아들을 수 있기 원한다는 일종의 기원[開經偈]'인 동시에 '부처님 가르침의 창고에 이르러 그 창고의 문을 열어 젖힌다[開法藏]'는 뜻을 갖는다.

부처님 법(法)의 문은 '개법장진언' "옴 아라남 아라다"를 외움으로서 비로소 열리게 된다. 그러므로 이 진언은 일종의 창고 열쇠가 되어, 이 열쇠가 없는 한 우리는 부처님 법을 얻어 가질 수도, 그 참뜻을 알아들을 수도 없게 되는 것이다.

이렇듯 부처님 법의 창고의 문을 열어 젖힌 뒤 비로소 경전 및 다라니·진언 등을 외우게 되는데, 흔히 도량석에 쓰이고 있는 진언 및 다라니·경문(經文)으로는 '사대주(四大呪)'와 '천수경(千手經)', 의상조사(義湘祖師)의 '법성게(法性偈)', '반야심경(般若心經)', '해탈주(解脫呪)', 그리고 스님에 따라서는 경허 스님의 '참선곡'이며 보조스님의 '계초심학인문' 또는 원효스님의 '발심수행장' 등을 독송하기도 한다.

이러한 도량석의 요식 절차는 옛날 부처님 당시의 한 사건, '바이샬리(Vaiśālī)의 기근'으로부터 유래한다. 다음은 『중아함경(中阿含經)』에 나오는 이야기로, 부처님 성도(成道) 후 5년경의 일로 추정되는 사건이다.

당시 부처님께서는 왕사성(王舍城, Rajgir)의 죽림정사(竹林精舍)에 머물고 계셨는데, 때마침 이웃나라 바이샬리에서는 오랜 가뭄으로 인해 많은 사람들이 굶주림에 허덕이고 있었다. 질병 또한 유행하여 하루에도 셀 수 없이 많은 사람들이 죽어가고 있었다. 그리하여 그곳 바이샬리 사람들은 바라문교의 전통적 방식에 따라 신에게 제사를 지내기도 하였고, 당시 유행하던 쟈이나교 및 6사외도의 지도자들을 모셔 그 재난을 해결코자 했으나 모두 실패하자, 마침내 부처님의 위신력에 의지하고자 하는 생각이 들어 당시 왕사성에 머물고 계신 부처님께 사신을 보내 부처님을 청하게 되었던 것이다.

그리하여 부처님께서 '뗏목을 타고 갠지스강을 건너 30리쯤을 지나 바이샬리 땅을 밟으시자 모든 염병의 독기는 맑아졌으며, 병의 기운은 문득 힘을 잃기 시작하였다.' 또한 '부처님께서는 제자 아난다에게 명하여 『보경(寶經, Ratna sūtra)』이라 불리는 경전을 외우게 하셨으며, 아난다가 『보경』을 외우며 성벽을 돌 때 부처님께서는 그 뒤를 좇아 성 곳곳에 발우에 담긴 맑은 물을 뿌리셨는 바, 그렇게 함으로써 모든 악기(惡氣)가 스스로 쫓겨가고 염병은 그치게 되었다'는 것이다.

(2) 사방찬(四方讚)

위에서 말한 바, 도량석의 기원을 '바이샬리의 기근'에 두고 있음은 '사방찬'에 이르러 명백히 드러난다. 사방찬이라 함은 사방(四方), 즉 동·서·남·북의 방위에 대한 찬탄을 드러내는 대목으로, 여기서 사방찬의 구절을 인용해 보자.

일쇄동방결도량(一灑東方潔道場)
이쇄남방득청량(二灑南方得淸凉)
삼쇄서방구정토(三灑西方俱淨土)
사쇄북방영안강(四灑北方永安康)

처음 동방에 (물을) 뿌려 도량을 청결케 하였고
다음으로 남방에 (물을) 뿌려 청량함을 얻었으며
또다시 서방에 (물을) 뿌려 정토를 이루었고
또 북방에 (물을) 뿌려 길이 평안하리니

이상에서 볼 수 있듯이, '사방찬'의 각 구절들은 '(물을) 뿌림〔灑〕'에 그 초점이 맞춰져 있음을 알 수 있다. 즉, 도량석의 기원 자체에 대한 '바이샬리의 기근'에서의 '물을 뿌렸음'과의 동일성을 찾아볼 수 있는 것이다.

여하튼 '도량석'이라는 의식(儀式)을 통해 우리의 공간 동·서·남·북 모두에 사악한 기운이 사라졌고, 도량은 청정함과 아울러 서방정토(西方淨土)에서와 같은 평안함을 이루게 되었음을 찬탄하고 있는 사방찬. 이어 도량송은 '도량찬'에 이르러 그 막을 내리게 된다.

(3) 도량찬(道場讚)

'도량찬'은 도량을 찬탄함에 그 주안점을 두어야 할 것인 바, 그럼에도 도량찬에서는 찬탄의 성격과 아울러 하늘 신들의 도움을 바란다는 내용이 그 중심을 이루고 있다. 곧 진언을 외움과 함께 깨끗한 물을 뿌려 도량을 청정케 하였으니, 하늘 신들께서는 이곳 도량에 내리시어 나에게 복을 주십시오 하는 말이다.

도량청정무하예(道場淸淨無瑕穢)

삼보천룡강차지(三寶天龍降此地)
아금지송묘진언(我今持誦妙眞言)
원사자비밀가호(願賜慈悲密加護)

도량은 깨끗하여 티끌만큼의 더러움도 없나니,
불(佛)·법(法)·승(僧) '삼보'와 '천·룡'(및 야차·건달바·아수라·가루라·긴나라·마후라가 등 하늘의 군사들)은 이 땅에 내려오소서
내 지금 신묘한 진언을 외우노니
원컨대 자비로이 은밀한 도움을 주십시오

　이상으로 '도량송'의 전체 구성 및 그 각각의 의미성에 대해 알아보았는 바, 여기에는 '물[水]을 뿌린다'는 종교적 의식과 더불어 '목탁(木鐸)'이란 법구(法具)가 동시에 사용되고 있다. 그리하여 '도량석'을 달리 '목탁석(木鐸釋)'이라 말하기도 한다. 하지만 전통적 관례에 따른다면 '도량송'의 전체적 진행에는 목탁 대신 '석장(錫杖; 六還杖)' 또는 '요령(搖鈴)'이 사용되었던 것 같다.
　이 중 '석장'에 대해 말하자면, 이것은 비구가 항시 지녀야 할 '비구 18물' 중 하나로 윗부분에 6개의 고리가 달려 있는 까닭에 육환장(六還杖)이라 불리우며, 이것을 땅에 울려 소리가 나

게 함으로써 이른 새벽 도량에 널려 있는 해충들을 쫓음과 동시에 아침 기상을 알리는 신호로 사용되었던 것 같다. 그러나 시간이 흐름에 따라 물고기를 형상화한 '목탁'을 사용한 것은, 잠자는 순간에까지 눈뜨고 있는 물고기의 외양을 본떠 그 목탁을 울림으로써 혼정(昏情)에 빠진 수행자들을 독려하기 위해서였던 것으로 풀이될 수 있을 것이다.

2) 종송(鐘誦)

'도량찬'을 끝으로 '도량송'은 종결을 이루게 된다. 그리고 법당의 종소리와 더불어 도량송은 '종송'으로 이어지며, 종송은 일체의 지옥중생을 구제한다는 데 그 초점이 맞춰지고 있다.

'종송'의 전체 구성은 '서설'과 '진언', 그리고 '후렴 및 사물(四物)의 진행'으로 각각 나뉘어져, '아침 종송'과 '저녁 종송'을 구분하는 가운데 그 각각 종송의 구성을 도표화하면 다음과 같다.(도표. 3)

종송의 구성	
아침 종송	저녁 종송
● 서설 ● 파지옥진언(破地獄眞言) ● 후렴 ● 사물(四物)의 진행	● 서설 ● 파지옥진언(破地獄眞言) ● 사물(四物)의 진행

도표 3. 종송의 구성

(1) 아침 종송

'종송' 자체가 '지옥 중생의 구제'에 그 뜻이 맞춰져 있다고 할 때, 종송의 모든 구성은 '지옥을 파괴한다'는 위대한 발원으로 집약될 수 있다. 그러므로 종송의 내용적 핵심은 '파지옥진언(破地獄眞言)'에 있게 되며, 나머지 서설 및 후렴 등은 이를 서술하는 요식적 체계에 해당된다고 할 수 있다.

순서에 따른 '아침 종송'의 진행을 살펴본다면, 아침 종송은 다음과 같은 '서설(序說)'로서 시작된다.

원차종성변법계(願此鐘聲遍法界)
철위유암실개명(鐵圍幽暗悉皆明)
삼도이고파도산(三途離苦破刀山)

일체중생성정각(一切衆生成正覺)

원컨대 이 종소리 법계에 두루하여
철위산(鐵圍山)의 그윽한 어둠 모두 다 밝아지며
지옥·아귀·축생의 고통 여의고 도산지옥 파괴되어
일체 중생이 바른 깨달음 얻어지이다

이어 종송은 '파지옥진언'에로 연결된다.

파지옥진언

나모 아다 시지남 삼먁 삼못다 구치남 다냐타
옴 아자나 바바시 지리지리 훔

이후 종송은 다음과 같은 막바지의 '후렴(後斂)'으로 이어지는데, 이는 '서설'의 내용을 다시금 반복하는 성격을 갖는 것이라 하겠다.

지옥도중수고중생(地獄道中受苦衆生)
아귀도중수고중생(餓鬼道中受苦衆生)
축생도중수고중생(畜生道中受苦衆生)

수라방생도중수고중생(修羅傍生道中受苦衆生)
문차종성이고득락(聞此鐘聲離苦得樂)

지옥도에서 고통받는 중생들
아귀도에서 고통받는 중생들
축생도에서 고통받는 중생들
아수라도 내지 방생도(傍生道)에서 고통받는 중생들
이 종소리 듣고 고통 여의어 기쁨을 얻어지이다

(2) 저녁 종송

'저녁 종송'은 '아침 종송'보다는 그 체계가 간략화되어 있다. 곧 '서설'과 '파지옥진언'만으로 구성되는 바, 각각의 내용을 들어 설명해 보면 다음과 같다. 우선 '서설' 부분을 들어보면,

문종성번뇌단(聞鐘聲煩惱斷)
지혜장보리생(智慧長菩提生)
이지옥출삼계(離地獄出三界)
원성불도중생(願成佛度衆生)

종소리 듣고 번뇌를 끊자

지혜를 길러 보리의 마음을 낼지니
지옥을 여의고 삼계의 고통 벗어나
원컨대 부처 이루어 중생을 제도하여라

이후 종송은 '파지옥진언'으로 이어지는데, 저녁에 외우는 파지옥진언은 아침의 그것과는 다른 내용을 갖는다.

파지옥진언
옴 가라지야 사바하

이렇게 하여 종송은 끝을 맺고, 곧이어 법당 밖 종고루(鐘鼓樓)에서는 법고(法鼓)와 목어(木魚), 운판(雲版), 범종(梵鐘)이 차례로 울리게 된다. 이것은 흔히 '불전 사물(佛前四物)'이라 불리는 것으로, 승려들은 이 사물(四物)을 울리는 가운데 지옥 중생뿐만이 아닌 이 땅에 살고 있는 모든 네 발 달린 짐승들, 바다 속에 살고 있는 생류들이며 하늘을 노니는 생명체, 즉 세상 천지에 널려진 뭇 생명체의 구원이며, 그 생명체들 모두가 현재의 고통을 여의고 기쁨을 얻기를 기원하게 되는 것이다.

이때 사물(四物)을 울리는 데에도 일정 규칙에 의한 순서가 주어진다. 아침 예불 때에는 법고를 시작으로 목어·운판·범종이 차례로 울리며, 저녁 예불 때에는 법고·운판·목어·범종 순으로 순서가 뒤바꿔지는 것이다. 이렇듯 순서에 따라 울리게 되는 각각 사물(四物)들. 그럼에도 언제나 범종은 맨 마지막에 울리게 되는데, 다만 아침·저녁에 따라 울리는 횟수가 달라진다. 아침에는 28번의 종을, 저녁에는 33번의 종을 울리게 되는 것이다.

불교 전통의례의 의궤(儀軌)를 전하고 있는 『석문의범(釋門儀範)』에 의할 것 같으면, 각 사물(四物)의 운행 순서 및 범종의 횟수를 다음과 같이 정해 놓고 있다. 즉 새벽에는 '종송(鐘誦)'이 끝난 후 법고 다음에 범종 28번을 치는 것이니, "동방삼팔목 가사간(東方三八木 加四間)이요, 우 표화신 구이십팔대인상(又 表化身 具二十八大人相)이라" 하였다. 다시 말해 새벽에 28번 범종을 치는 것은 '동쪽 방위를 나타내는 숫자 3과 8을 곱한 데에 간방(間方)의 숫자 4를 더한 것이요'(3×8+4=28), '화신(化身), 즉 석가모니불께서 28개의 대인상(大人相)을 갖춘 것을 표시한 것이다'라는 뜻이다.

또한 저녁 예불에는 '종송'이 끝난 후 법고 다음에 범종 36번을 친 다음 운판과 목어, 그리고 소종(小鐘; 金鼓) 5번을 치라 하는 바, 여기서 36이란 "표서방사구금(表西方四九金)이요, 역표사생구류 의분수공덕 동왕정토야(亦 表四生九流 依焚修功德

同往淨土也)"라 하였다. 다시 말해 저녁에 36번 범종을 치는 것은 '서쪽 방향을 나타내는 숫자 4와 9를 곱한 것이요'(4×9=36), '사생(四生)[1] 구류(九流)[2]의 모든 중생들이 향을 피워 수행[焚修]하는 예불(禮佛) 공덕으로 함께 정토에 왕생함을 표시한 것이다'라는 뜻이다.(이들 각각에 대한 세부적 사항들은 다음 「예불에 깃든 의미 및 상징성」 부분에서 보충 설명하기로 한다.)

이렇듯 세론(世論) 속에 울려 퍼지는 이른 새벽 산사의 종소리. 이제 그 종소리 끝마쳐짐과 함께 법당에서는 금고(金鼓)가 울리고, 곧이어 예경 의식이 시작된다. 본래적 의미에서의 예불이 시작되는 것이다.

3) 예경(禮敬)

금고(金鼓)의 마지막 소리를 신호로 또다시 경쾌한 금속성의 울림, 법당 안에 경쇠의 청량함 울려 퍼지고 이어 '예경' 의식이

---

1) 사생(四生) : 태생・란생・습생・화생 등 생명체들이 태어나는 형식.
2) 구류(九流) : 태・란・습・화의 4생에 유색(有色)・무색(無色)・유상(有想)・무상(無想)・비유상비무상(非有想非無想)을 합한 태어남의 9가지 차별 현상.

시작된다.

자심청정(自心淸淨)에 귀의한다는 것. 즉 예불의 참뜻은 개개의 사물에 내재한 불성(佛性)에 귀의함이라고 말할 수 있다. 그럼에도 예불이라는 의식적 절차 속에는 불성에의 귀의뿐만이 아닌, 그 행위 자체를 통한 절대적 힘과의 친교의 의미를 함포해 가지게도 되는 바, 이러한 의미를 표현하고 있는 부분이 바로 '예경' 의식이라 말할 수 있다.

한편 예경 의식 전반을 고찰해 볼 때, 우리는 단지 친교의 의미를 넘어선 선각자에 대한 존경의 염(念)을 발견할 수 있으며, 그들 선각자의 힘에 의해 나뿐만이 아니라 만유의 중생 모두가 삶의 궁극적 목표, 불도(佛道)를 이룰 수 있기 바란다는 내용을 찾아볼 수도 있다.

이러한 의미를 가지고 있는 예경 의식은 아침과 저녁에 따른 다음과 같은 형식적 구성을 이루고 있다. 예경 의식의 전반적 구성을 간략해 보면 다음과 같다.(도표. 4)

예경(禮敬)의 구성	
아침 예경	저녁 예경
○ 다게(茶偈) ○ 예경문(禮敬文)	○ 오분향례(五分香禮) 및 헌향진언 ○ 예경문(禮敬文)

도표 4.
예경의 구성

(1) 아침 예경

아침 예경은 '다게(茶偈)'와 '예경문(禮敬文)'으로 구성된다. 여기서 다게라 함은 다례(茶禮), 즉 차례(茶禮)를 지내는데 쓰이는 간략한 게송을 말하는 것으로 이를 인용해 보면 다음과 같다.

아금청정수(我今淸淨水)
변위감로다(變爲甘露茶)
봉헌삼보전(奉獻三寶前)
원수애납수(願垂哀納受)

내 지금 깨끗한 물로
감로의 차를 만들어
불·법·승 삼보(三寶)께 봉헌하오니
원컨대 어여삐 받아주소서

우리나라 불교에서 부처님께 차(茶)를 올리는 관습은 상당히 오래 전부터 있어 왔던 것 같다. 『삼국유사(三國遺事)』의 「경덕왕 충담사 표훈대덕」 조에 보면 경덕왕 24년(765년) 3월 3일한 스님이 경주 남산 쪽에서 내려오고 있었던 바, 왕이 스님을 불러 물으니 "차를 끓여 삼화령의 미륵보살께 올리고 오는 길임"을 말하고 있는 것이다.

그런데 왜 사람들은 부처님께 차를 공양했던 것일까? 아마 그것은 차(茶)라는 글자 자체의 상징성과도 결부가 되어졌던 듯하다. 즉 차(茶)라는 글자는 그 자체에 108이란 숫자적 표현이 가미되어져, ++의 20이라는 숫자에 八十, 즉 80을 합한 데에 또 八이란 숫자를 더한 108의 의미(茶=十+十〈++〉+八十〈八十〉+八〈八〉=108), 즉 인간의 108번뇌를 소멸코자 하는 소박한 이상 속에 부처님께 차(茶)를 공양했던 것은 아닐까 생각할 수도 있다는 것이다.

한편 불교의 사상이 수질(水質)이 좋지 않은 인도 및 중국을 거쳐오는 가운데, 차(茶)가 물[水]과 동일시 인식되어 전해졌던 듯하다. 그렇다면 불교적 의미에서 물[水]의 개념은 어떠한 것인가? 물이란 생명의 원천을 말한다. 물이란 불교의 궁극적 목표인 열반, 니르바나(nirvana)를 상징하고 있기도 하다. 또한 영원불변의 진리 그 자체를 말하고 있기도 하여 옛부터 중국인들은 진리, 즉 다르마(dharma)를 법(法)이라 번역했던 바, '법(法)이란 물[水, 氵]의 흐름[去]을 뜻하는 단어'로서 물[水] 자체에 진리의 항구성이란 의미를 부여하기도 했던 것이다.

그러므로 부처님께 물(혹은 茶)을 공양함은 진리 자체의 항구성을 진리의 원천에로 되돌리고자 하는 인간적 염원이며, 생명의 원천을 생명 자체의 주관자에게 되돌리고자 하는 소박한 기원이기도 하다.

물이란 생명의 원천이며 진리 자체를 상징하고 있다는 것. 그러므로 불교뿐만이 아니라 무수한 종교들 역시 이 물의 성스러움을 그들 교리 속에 끌어들이고 있다. 이마에 성수(물)를 찍어 바름으로서 자신의 몸을 성스럽게 만들고, 물에 몸을 담금으로서 몸 자체에 영원성을 부여코자 하는 세례(洗禮) 의식 등.

이렇듯 성스러운 물을 불(佛)·법(法)·승(僧) 삼보(三寶)께 공양 올린 후, 예경의 핵심인 예경문 봉송은 시작된다. "지심귀명례(至心歸命禮)", 즉 '지극한 마음으로 목숨을 다하여 예를 올립니다'는 말로서 시작되는 예경문. 이렇듯 예경문이란 삼보께 귀의함을 뜻하고 있어, 이를 달리 '귀명삼보(歸命三寶)'라 칭하고 있기도 하다. 또한 그 뒤에 널려진 여러 후렴들은 삼보 자체를 좀더 구체적으로 서술한 것으로, 이렇듯 볼 때 전체 예경문의 구성은 '삼귀의(三歸依)'의 내용을 확대시켜 놓은 것이라 말할 수 있게도 된다.

여기 후렴으로 상정되는 바를 포함한 예경문 전체를 풀이해 보면 다음과 같다.

○ ① 지심귀명례 삼계도사 사생자부 시아본사 석가모니불
　　(至心歸命禮 三界導師 四生慈父 是我本師 釋迦牟尼佛)

● ② 지심귀명례 시방삼세 제망찰해 상주일체 불타야중
　　(至心歸命禮 十方三世 帝網刹海 常住一切 佛陀耶衆)

● ③ 지심귀명례 시방삼세 제망찰해 상주일체 달마야중
　　(至心歸命禮 十方三世 帝網刹海 常住一切 達磨耶衆)

○ ④ 지심귀명례 대지문수사리보살 대행보현보살 대비관세음보살 대원본존지장보살마하살
　　(至心歸命禮 大智文殊舍利菩薩 大行普賢菩薩 大悲觀世音菩薩 大願本尊地藏菩薩摩何薩)

○ ⑤ 지심귀명례 영산당시 수불부촉 십대제자 십육성 오백성 독수성 내지 천이백제대아라한 무량자비성중
　　(至心歸命禮 靈山當時 受佛咐囑 十大弟者 十六聖 五百聖 獨修聖 乃至 千二百諸大阿羅漢 無量慈悲聖衆)

○ ⑥ 지심귀명례 서건동진 급아해동 역대전등 제대조사 천하종사 일체미진수 제대선지식
　　(至心歸命禮 西乾東震 及我海東 歷代傳燈 諸大祖師 天下宗師 一切微塵數 諸大善知識)

- ⑦ 지심귀명례 시방삼세 제망찰해 상주일체 승가야중
  (至心歸命禮 十方三世 帝網刹海 常住一切 僧伽耶衆)

○ ⑧ 유원 무진삼보 대자대비 수아정례 명훈가피력 원공법계
    제중생 자타 일시성불도
    (唯願 無盡三寶 大慈大悲 受我頂禮 冥熏加被力 願共法界
    諸衆生 自他 一時成佛道)

이를 해석해 보면 다음과 같다.

○ ① 삼계(三界)의 길잡이시고 사생(四生)의 자비로운 아버지,
    우리의 근본 스승이신 석가모니 부처님께 (지극한 마음
    으로 목숨을 다하여 예를 올립니다.)

- ② 시방삼세 제석천의 그물망과 같이 (많은) 땅과 바다에
    항상 머무시는 일체 불보(佛寶)께 (지극한 마음으로 목
    숨을 다하여 예를 올립니다.)

- ③ 시방삼세 제석천의 그물망과 같이 (많은) 땅과 바다에
    항상 머무시는 일체 법보(法寶)께 (지극한 마음으로 목
    숨을 다하여 예를 올립니다.)

- ④ 대지 문수사리보살(마하살)과 대행 보현보살(마하살), 대비 관세음보살(마하살), 대원 본존 지장보살(마하살)께 (지극한 마음으로 목숨을 다하여 예를 올립니다.)
- ⑤ 영산(영축산) 회상(會上)에서 부처님께 (불법을 후세에 잘 전하여 줄 것을) 부촉 받은 10인의 대 제자와 16성인, 500명의 성인들, 홀로 도를 닦아 아라한의 경지에 오른 성인 내지 1,200명의 모든 대 아라한들, 그리고 한량없이 자비롭고 거룩한 무리들께 (지극한 마음으로 목숨을 다하여 예를 올립니다.)
- ⑥ 인도와 중국, 또한 우리나라에 역대(歷代)로 (법의) 등불을 전하였던 모든 대 조사(祖師)와 종사(宗師), 그리고 수를 헤아릴 수 없이 많은 모든 대 선지식께 (지극한 마음으로 목숨을 다하여 예를 올립니다.)

- ⑦ 시방삼세 제석천의 그물망과 같이 (많은) 땅과 바다에 항상 머무시는 일체 승보(僧寶)께 (지극한 마음으로 목숨을 다하여 예를 올립니다.)

- ⑧ 오직 원하옵건대 한량없는 삼보시여, 나의 정례(頂禮)를 받으시고 그윽한 연기(향)와 같은 가피력(加被力)으로

원컨대 온 법계의 모든 중생들, 나와 남이 일시에 불도(佛道)를 이룰 수 있게 하소서.

이상의 예경문을 봉송하는 가운데 우리는 각각 삼보(三寶)전에 엎드려 절을 하게 되는데, 전체 예불의 진행 가운데 7번의 절을 하도록 되어 있는 까닭에 이를 달리 '칠정례(七頂禮)'라 부르기도 한다. 현재 '한국불교 예경문'으로 사용되고 있는 이 칠정례는 1955년 월운(月雲) 스님 등에 의해 만들어진 것으로, 기존에 사용되어 오던 많은 종류의 예경문을 종합·간략화한 것이다.

이에 『석문의범』에 소개된 기존 예경문들을 나열한다면, '향수해례(香水海禮)' 및 '오분향례(五分香禮)'·'칠처구회례(七處九會禮)'·'사성례(四聖禮)'·'소예참례(小禮懺禮)'·'대예참례(大禮懺禮)'·'관음예문례(觀音禮文禮)' 등을 들 수 있다. 이중 '향수해례'·'오분향례'·'칠처구회례' 등은 화엄종(華嚴宗) 및 선종(禪宗) 사찰에서, 그리고 '사성례'는 정토종(淨土宗) 사찰에서 사용된 예경문이었던 바, 이와는 달리 앞서 든 '칠정례'는 모든 종파를 초월한 '범종파적 예경문'이라는 데 그 가치가 있다고 하겠다.

물론 현재에 있어서도 몇몇 대규모 사찰에서는 그 사찰 고유의 예경문을 사용한다거나(통도사), 앞의 '칠정례'에 몇몇 구절을 첨가한 예경문을 사용하기도 하여(송광사), 그 사찰 고유의 종파적 특수성을 유지코자 하는 흔적을 엿볼 수 있기도 하다.

(2) 저녁 예경

저녁 예경은 '오분향례' 및 '헌향진언(獻香眞言)', 그리고 '예경문'으로 구성된다. 여기서 오분향례라 함은 오분법신(五分法身), 즉 부처님께 향(香)을 공양하고 예(禮)를 올리는 것을 말하며, 곧이어 향을 공양하는 진언, 즉 헌향진언이 이어지는 바, 이들 각각에 대한 예를 들어 설명해 보면 다음과 같다.

오분향례(五分香禮)
  계향(戒香)
  정향(定香)
  혜향(慧香)
  해탈향(解脫香)
  해탈지견향(解脫知見香)

  광명운대 주변법계(光明雲臺 周遍法界)

공양시방 무량불법승(供養十方 無量佛法僧)

위 내용을 뜻으로 풀이해 보면,

계(戒)를 지킴으로써 탐심(貪心)을 여의신 부처님께
  (우리도 그와 같이 되겠다는 마음으로 향을 피워 예배 올립니다.)
마음의 안정[定]으로써 진심(瞋心)을 여의신 부처님께
  (우리도 그와 같이 되겠다는 마음으로 향을 피워 예배 올립니다.)
참된 지혜[慧]로써 치심(痴心)을 여의신 부처님께
  (우리도 그와 같이 되겠다는 마음으로 향을 피워 예배 올립니다.)
삼독번뇌의 속박을 벗어나[解脫] 자유자재하신 부처님께
  (우리도 그와 같이 되겠다는 마음으로 향을 피워 예배 올립니다.)
삼독번뇌의 속박을 벗어나[解脫] 스스로 자유자재하심을 알고 계신[知見] 부처님께
  (우리도 그와 같이 되겠다는 마음으로 향을 피워 예배 올립니다.)

맑은 구름(향연기) 법계에 두루하여
시방의 무량한 불·법·승 삼보께 공양하여지이다.

헌향진언(獻香眞言)

옴 바아라 도비야 훔

이렇듯 '오분향례' 및 '헌향진언'을 마친 후, 아침 예불에서와 같이 '예경문' 봉송이 이어지게 된다. 그리고는 간략한 축원(祝願) 및 『반야심경』 봉독으로 아침 및 저녁 예불은 마쳐지게 되는데, 일반적으로 아침 예불 때의 축원문으로는 고려말의 보제존자(普濟尊者) 나옹화상(懶翁和尙)이 지은 '행선축원(行禪祝願)'이나, 중국 당나라의 이산연(怡山然) 선사가 짓고 1964년 운허(耘虛) 스님이 번역한 '이산연 선사 발원문' 등이 사용되고 있다.

위의 축원문의 내용을 살펴볼 때 "모든 중생들, 곧 나와 남이 일시에 불도를 이룰 수 있게 하소서"라는 다소 기원의 의미를 발견할 수 있다. 하지만 '자심귀의(自心歸依)'에 예경 및 예불의 참뜻이 담겨져 있다고 한다면, 우리는 이렇듯 축원을 행하는 가운데 "모든 중생들, 나와 남이 일시에 불도(佛道)를 이룰 수 있도록 할 것이다"라는 주체적 입장에서 자신의 결심을 재 다짐하는 것이 필요하다고 하겠다.

여하튼 이렇게 하여 예경문과 예불 전체가 끝마쳐진다. 산사의 하루, 승가(僧伽)의 아침이 시작되는 것이다. 아니, 하루의 끝이며 산사에는 깊은 어둠이 찾아오게도 되는 것이다.

2. 예불에 깃든 의미 및 상징성
- 예불에 깃든 우주관 -

　새벽 도량송 및 종송·예경 등으로 이어지는 전체 예불의 구성에서 우리는 그 자체 내에 독특한 우주관(宇宙觀)이 깃들어 있음을 발견하게 된다. 이에 예불에 깃든 몇몇 우주관을 구분지으며, 그에 따른 실례를 들어 설명하고자 한다.

1) 예불과 음양(陰陽) 및 오행(五行)사상

　"양(陽)은 음(陰)을 기본으로 동(動)하고, 음은 양을 의지하여 정(靜)하게 된다." 이는 『주역(周易)』의 중심원리를 설명하고 있는 것으로, 우리는 예불의 내재적 질서 안에 주역의 '음양 사상' 및 '오행(五行)'의 이치가 깃들어 있음을 발견할 수 있다.
　예불에 깃든 음양 및 오행 사상을 설명하기 위해 우선 예불의 형식적 진행 과정을 들어야 할 것인 바, 이것은 전체 예불의 내재적 원리를 형성하고 있는 것이기도 하다. 또한 이를 설명하기 위해 우리는 다음 도표를 전제해 두어야 할 것으로, 이것은 '하도(河圖)'를 기본으로 한 '오행'의 전체적 구성 및 특성을 간략화한 것이다.(도표. 5)

오행 구분	金	木	水	火	土
방위	西	東	北	南	中央
계절	가을	봄	겨울	여름	四季
색채	白	靑	黑	赤	黃
숫자	4, 9	3, 8	1, 6	2, 7	5, 10

도표 5. 오행(五行)의 구성 및 특성

이 도표를 전제로 우리는 새벽 도량송에 쓰이고 있는 의식용 법구, 즉 목탁 및 그 소리에 주의를 기울여 볼 필요가 있다. 그런데 왜 수많은 의식용 법구 중 하루의 시작을 알리는 도량송에 나무[木]로 만든 목탁이 쓰이게 되는 것일까? 이를 설명키 위해 우리는 위 도표를 참고해야만 할 것이다. 즉 하루의 시작이 방위상 동쪽으로부터 시작된다면, 그 하루의 시작을 알리는 데 쓰이는 도구로는 나무가 적당한 것이라는 말이다. 1년의 시작은 봄이고 하루의 시작은 동쪽이며, 그러므로 하루의 시작은 나무의 울림으로부터 시작되어야 하는 바, 하루의 시작인 아침에는 나무로 만든 목탁이 은은히 울려 퍼져야 한다는 것이다.

또한 그 목탁을 울리는 데에도 일정 격식이 주어지게 되어, 그것을 도표로 만들어 보면 다음과 같다.(도표. 6)

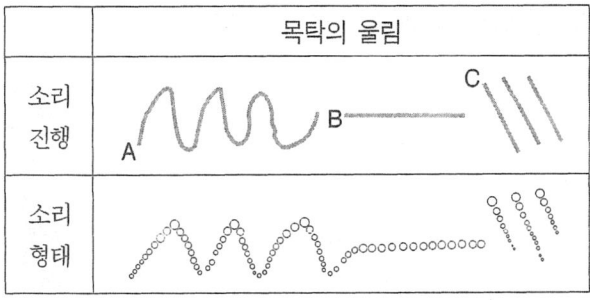

도표 6. 목탁소리의 진행 및 그 형태

위 도표에서 살펴볼 때 A로부터 시작된 목탁의 울림은 작은 소리로부터 큰 소리로, 큰 소리로부터 작은 소리로 이어지는 세 번의 오르내림 끝에 B 지점에 이르는 바, 그때서부터 도량송 가창(歌唱)이 시작된다. 그로부터 도량송 가창이 끝나게 되는 C 지점에 이르기까지는 같은 크기의 소리로 목탁을 울리며, 도량송 가창이 종결되는 지점인 C에 이르러 목탁을 세 번 내려치는 형식으로 도량송 목탁의 울림이 구성되어, 이 형식 가운데 음양

사상이 내재해 있음을 발견할 수 있다.

즉 작은 소리로부터 큰 소리로, 아래서부터 위로 향하는 소리의 진행 및 형태. 소리의 크기에 있어 작은 소리는 음(陰)이며 큰 소리를 양(陽)이라 한다면, 소리의 진행은 음에서 양으로 진행된 채 마지막에 이르러 또다시 음에로 그 세력을 되돌려 주고 있는 것이다. 〔이는 체(體)와 용(用)의 작용과 관련된 것으로, '종체기용(從體起用)'의 원리로서 설명될 것이기도 하다. 어두운 부동(不動)의 본체로부터 진리의 작용으로 나아가는 체용(體用)의 관계성. 그러나 어둠이 찾아들면 또다시 용(用)은 체(體)에로 섭수된다. 섭용귀체(攝用歸體)의 원리.〕

이렇듯 예불에 깃들어 있는 음양 및 오행 사상은 도량송 이후, 종송의 진행에 이르러 그 뜻이 더욱 명백해진다. 즉 도량송 목탁〔木〕 소리는 이어 종송의 쇠〔金〕 소리로 그 형태가 변화되는 것인데, 여기에는 오행의 전개 및 그 변화적 측면이 내재해 있는 것이다. 오행은 화(火)·수(水)·목(木)·금(金)·토(土)에로의 전환적 성격을 갖는다. 그러므로 도표 5를 참고해 볼 때 하루의 시작, 목(木)으로부터 시작한 목탁의 울림은 이후 그 소리를 금(金), 즉 쇳소리로 이어줘야 하는 바, 도량송 목탁의 울림 다음에는 종송의 쇳소리가 울려 퍼지게 된다는 것이다.

또 다시 예불의 음양오행의 관념은 종송 말미에 이어지는 사물(四物)의 전개에서도 그 예를 찾아볼 수 있다. 이에 우선 사물의 진행 순서를 말해 본다면, 아침에는 종송을 끝으로 법고·목어·운판·범종이 차례로 울리게 된다. 또한 저녁에는 법고·운판·목어·범종 순으로 순서가 바뀌지는 바, 목어(木魚)의 목(木)과 운판(雲版)의 금(金)과의 관계에서 아침에는 동쪽 방위를 말하는 '목(木)'이 먼저요, 저녁에는 서쪽 방위를 말하는 '금(金)'이 그 앞선 위치를 차지하게 되는 것이다.

또한 우리는 범종을 치는 횟수와 오행과의 관계를 설명할 수도 있다. 앞서 말했듯 『석문의범』의 규범에 따라 아침 예불시 28번 범종을 치고 저녁 예불시 36번 범종을 친다고 할 때, 이것은 '하도(河圖)'의 '오행 배치도(五行配置圖)'에 근거하여 성립된 형식임을 말할 수 있게 된다. 이를 설명하기 위해 '하도'의 '오행 배치도'를 도표로 그려 보면 다음과 같다.(도표. 7)

여기서는 각각 수리학(水理學)적 이치에 따라 동·서·남·북 사방 및 중앙에 1에서 10까지의 숫자를 배열하고 있는데, 이와 더불어 수리(數理)상의 성질을 각각 목·금·수·화·토의 오행과 결합시켜 표현하고 있기도 하다. 여기서 볼 때 숫자 3과 8은 오행 중 목(木)에 속하는 것이고 4와 9는 금(金)에 속하는 바, 방위적으로는 동과 서, 시간적으로는 아침과 저녁을 나타내고 있기도 하다.

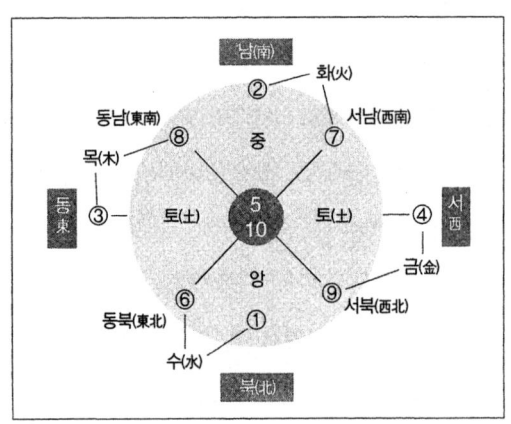

도표 7. 하도(河圖)의 오행(五行) 배치도

이러한 원리 속에 '아침에 종을 28번 친다'함은 동방의 숫자 3과 8을 곱한 것에 간방(間方)의 4를 더한 것이요(3×8+4=28), '저녁에 종을 36번 친다' 함은 서방의 숫자 4와 9를 곱한 것이라(4×9=36)는 이치가 생겨 나오게 되는 것이다.

이상과 같이 우리는 예불의 구성 속에서 발견되는 음양오행의 원리를 살펴볼 수 있었다. 물론 이외에도 전체 예불의 구성 안에서 우리는 세세한 측면들 - 예를 들어 법고(法鼓)의 양쪽에 각각 암·수소의 가죽을 대어 북을 울리도록 하는데, 이는 음양의 조화라는 화합의 측면이 전제되어 있는 등 - 을 발견할 수 있기도 하나, 그 세세한 부분들에 대해서는 이만 간략하기로 한다.

2) 예불에 깃든 인도(印度)적 우주관

한편 예불의 전체 진행 속에서 우리는 '인도적 우주관'의 모습을 찾아볼 수 있기도 하다. 곧 종송 말미에 이어지는 범종의 울림 그 숫자를 헤아려 보면 아침에는 28번이요 저녁에는 33번의 종을 치기도 하는데, 이는 '인도의 우주관'에 그 바탕을 두고 있는 것이다. 이제 이 28번 내지 33번의 종소리에 대한 숫자적 설명을 행하기 위해 우리는 '수미산(須彌山)을 중심으로 한 도리천(忉利天)과 33천의 세계구조'에 대한 개관을 행해 보아야 할 것이다.

인도의 전통적 우주관에 대한 포괄적 설명을 행하고 있는 『아비달마구사론(阿毘達磨俱舍論)』「분별세품(分別世品)」에 의할 것 같으면, 세계는 그 수를 헤아릴 수 없는 작은 티끌, 즉 미진(微塵)으로 이루어져 있다고 한다.

그 세계의 밑바닥에는 거친 바람의 풍륜(風輪)이 둘러 싸고 있고 그 위에는 물로 구성된 수륜(水輪)이, 그리고 그 위에는 금석(金石)의 둘레 금륜(金輪)이 쌓여져 있다. 한편 금륜 위에는 9개의 큰산이 있는데, 수미산(須彌山)[3]이 가운데 있고, 그

---

3) 수미산(須彌山) : Sumeru의 음역(音譯)으로 소미로(蘇迷盧)라 표기되기도 한다. 한편 su는 묘(妙)라 번역되며 meru는 고(高)라 번역되어 묘

수미산을 중심으로 지쌍산(持雙山), 지축산(持軸山), 담목산(擔木山), 선견산(善見山), 마이산(馬耳山), 상비산(象鼻山), 니민달라산(尼民達羅山) 등 7개의 산(산맥)이 수미산을 둘러싸고 있는 형태를 취하고 있다.

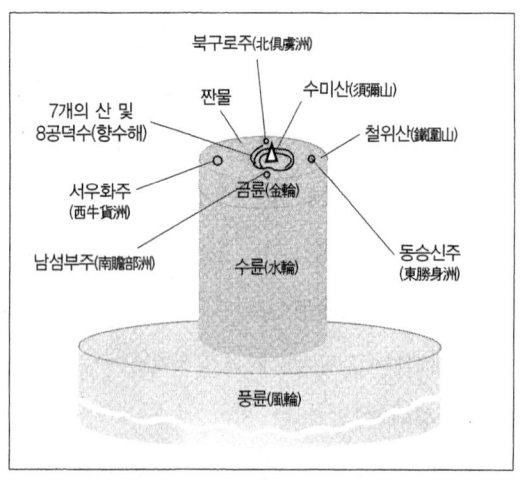

도표 8. 『아비달마구사론』에 묘사된 '세계의 구성'

그리고 각 산(산맥) 사이에는 '8공덕수(八功德水)', 즉 '향수해(香水海)'라 불리는 물(바다)이 차 있으며, 8공덕수 밖으로는 남

고산(妙高山) 내지 묘향산(妙香山)이라 쓰이기도 하며, 일반적으로는 수미산이라 통칭된다.

섬부주(南贍部洲)·동승신주(東勝身洲)·북구로주(北俱盧洲)·서우화주(西牛貨洲)라는 대륙[洲]이 사방을 둘러싸고 있는 것이다. 그리고 그 밖으로는 짠물이 둘러 있고, 또 그 밖에는 철위산(鐵圍山)이 둘려져 있어 그 전체는 마치 수레(원통) 모양의 구성을 이루고 있다는 것이다.(도표. 8)

또한 남섬부주의 중앙으로부터 북쪽에는 아홉 개의 흑산(黑山)이 있고, 흑산 북쪽에는 설산(雪山)과 향취산(香醉山)이 있으며, 두 산 가운데는 '무열뇌지(無熱惱池: 또는 아뇩달지阿耨達池)'가 있어 거기서부터 네 개의 큰 강이 흘러나오는데, 그 무열뇌지 주변에는 달고 아름다운 과일이 열리는 높고 큰 '섬부(贍部)'라 불리는 나무가 심겨져 있는 관계로, 그 나무의 이름을 따서 이곳을 섬부주(贍部洲)라 부르게 되었다고 한다.(도표. 9)

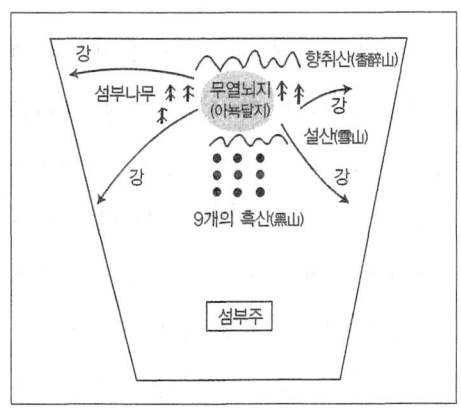

도표 9.
남섬부주의 구성

이제 이상의 내용을 전제로 '수미산 중심의 우주구조'를 살펴보면, '금륜' 위에 우뚝 솟은 수미산은 네 개의 층으로 구성되어 있어 밑으로부터 약차신(藥叉神)이 살고 있는 '견수(堅手)'의 층이, 그리고 '지만(持鬘)'·'항교(恒憍)'·'사천왕(四天王)'의 층이 각각 구성되어 있는 바, 우리는 이 모두를 통칭 '사천왕천(四天王天)'이라 부르기도 한다.

한편 수미산 꼭대기에는 제석천왕(帝釋天王)이 다스리고 있는 '도리천'이 펼쳐져 있다. 그 도리천에는 중앙의 제석천왕이 머무는 '선견궁(善見宮)'을 중심으로 각각 사방에 네 봉우리가 형성되어 있고 그 4개의 봉우리마다에 8개씩의 하늘 궁전이 널려 있어, 이렇게 하여 도리천에는 선견궁을 포함한 33개의 하늘이 형성되어 있게 된다. 즉 '도리천 33천(三十三天)'이 펼쳐지게 되는 것이다.

또한 수미산 꼭대기, 도리천 33천 위에는 각각의 하늘이 허공 가운데 형성되어 있어, (사천왕천·도리천과 함께) 야마천·도솔천·화락천·타화자재천 등을 포함한 '욕계 6천(欲界六天)'의 세계, 초선천(初禪天)·이선천(二禪天)·삼선천(三禪天)·사선천(四禪天) 등을 포함한 '색계 18천(色界十八天)'의 세계, 공무변처천·식무변처천·무소유처천·비상비비상처천 등을 포함한 '무색계 4천(無色界四天)'의 세계 등이 각각 펼쳐져 있게 되는 것이다.

이렇게 하여 금륜 위에 형성된 수미산을 중심으로 '수직적'으로는 28천의 하늘이, 수미산 꼭대기 도리천을 중심으로 '수평적'으로 33천의 하늘이 조성되어 있음을 알 수 있게 된다.(도표. 10)

이상의 설명과 도표를 통해 우리는 예불의 진행 속에 깃든 인도적 우주관의 모습을 찾아볼 수 있다. 곧 종송 말미에 이어지는 범종의 울림, 아침에 28번의 종을 치는 것은 수미산을 중심으로 '수직적 28천'의 하늘에 각각 종이 울려 퍼짐을 기원하는 것이요, 저녁에 33번의 종을 치는 것은 도리천을 중심으로 '수평적 33천'의 하늘에 종소리 골고루 울려 퍼지게 하고자 하는 염원이 담겨 있다는 것이다. 즉 우주 법계 전체에 범음(梵音) 가득 담겨지기 바란다는 뜻이 거기에는 내재해 있다. 그런데 그 범종의 울림, 범음이 우리에게 전달해 주는 메시지는 무엇인가?

옛부터 인도인들은 범종의 울림, 종소리를 '옴(A-U-M)'이란 의성어(擬聲語)로서 인식해 왔다. 즉 '옴(A-U-M)'이란 소리 속에는 우주 창조의 진리(A)며, 우주 보존의 진리(U), 우주 파괴의 진리(M)가 동시에 담겨져 있어, 범종의 울림 '옴(A-U-M)' 소

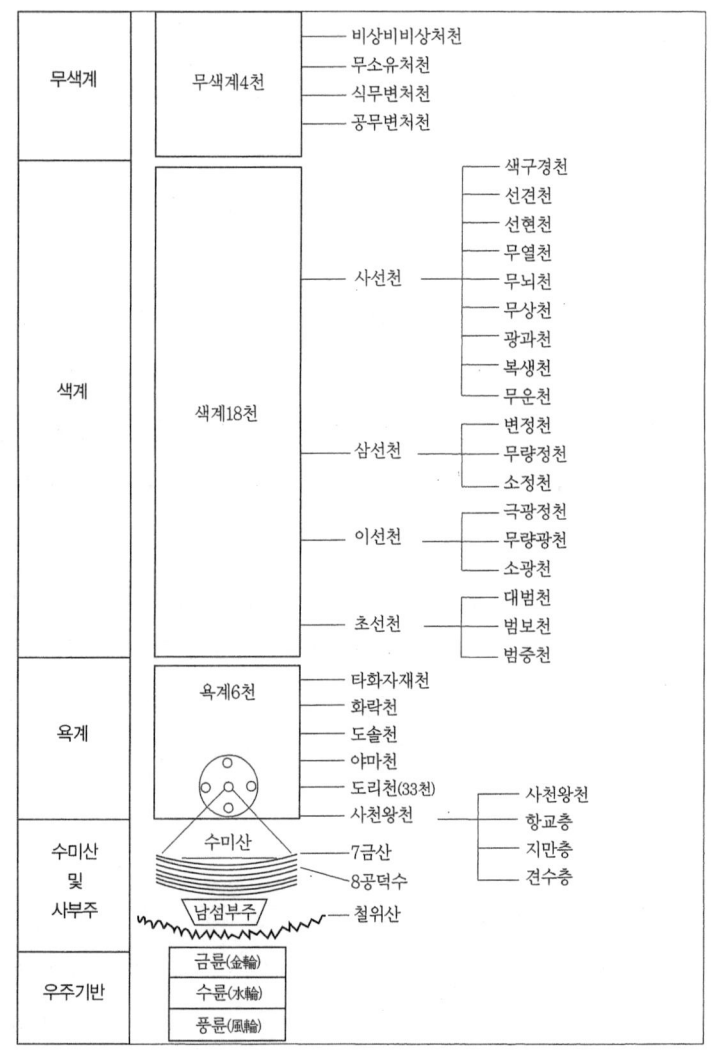

도표 10. 구사론(俱舍論)에 표현된 불교적 세계관(간략도)
- 수미산을 중심으로 한 28천 및 33천의 세계구조 -

리 울려 퍼지는 가운데 끊임없이 생성·변화하는, 즉 '무상(無常)한 삶의 진리'를 인간들 및 하늘의 천신들을 포함한 만유의 생명체들에게 일깨워 주고자 하는 데 종소리의 근본 정신이 담겨 있는 것이다.

 이렇듯 온 우주법계에 범음 가득 울려 퍼지는 가운데, 이후 예불은 예경이라는 또 다른 부분으로 옮겨가게 된다. 곧 본래적 의미에서의 예불이 시작되는 바, 범종의 울림으로 말미암아 '무상한 삶의 진리'를 깨닫게 된 개개인은 진정 존재의 참모습을 발견코자 하는 마음가짐으로 예불에 임하게 되는 것이다.

제3부 | 예불의 게송 및 문구 해설

앞서 이야기했듯이, 예불이란 넓은 의미로 볼 때 도량송 및 종송, 예경까지를 포함하게 된다. 이제 여기에서는 예불의 전체적 구성을 이루고 있는 이들 각각의 게송 및 그 문구들을 좀더 구체적으로 설명해 보기로 하겠는데, 이를 통해 우리는 예불에 담긴 그 내면의 뜻을 좀더 명확히 알 수 있게 될 것이다.

1. 도량송(道場誦)

 엄밀한 의미로 '도량송'이란 정구업진언으로부터 진언 또는 다라니로 이어지는 도량석을 포함한, 사방찬 및 도량찬 등으로 구성된다. 이들 구성 속에 등장하는 각 게송 및 문구들을 풀이해 보면 다음과 같다.

1) 정구업진언(淨口業眞言)

 '정구업진언'이란 말 그대로 '구업(口業)을 맑히는 진언', 즉 '우리의 입을 통해 생겨난 업을 깨끗이 하는 참된 말'을 의미한다.
 그런데 여기서 업(業)이란 무엇인가? 업이라 함은 산스끄리뜨어 karma의 중국식 번역어로 작(作)·행(行)·행위(行爲)·작업(作業) 등으로 풀이되며, '행위의 잔재력' 혹은 '행위의 결과 생겨난 힘' 또는 '행위 자체'를 뜻하는 말이다. 곧 어떤 행위의 결과 우리 마음속에 생겨난 인상(印象)까지를 포함하는 말로서, 업이라 함은 우리 일상에서 생겨나는 사소한 행위에까지 미치는 그 자체의 잔재력(殘在力)을 지니고 있다.

즉 우리의 일거일동, 숨쉬는 행위조차도 그에 상응하는 결과가 주어지는 한에 있어, 우리는 끝없는 순간 속에 업을 짓고 있다고 말할 수 있는 것이다. 이렇듯 우리 인간은 모든 행위의 순간순간에 업이라 불리는 '행위의 잔재력'을 쌓아가고 있는 바, 인간뿐만이 아닌 이 세상 모든 생명체들 역시 각각의 움직임의 결과를 통한 '행위의 잔재력', 즉 업을 쌓아가고 있다고 말해도 무리는 아닐 것이다.

행위의 순간순간에 형성되는 행위의 잔재력, 즉 업(業). 우리는 전통적으로 이 업을 셋으로 나누어 구분하고 있다. 즉 신(身)・구(口)・의(意) 삼업(三業)이라 표현하여, 우리의 몸[身]이나 몸의 작용으로 인해 생겨나는 업으로서 '신업(身業)'과 우리의 입[口]을 통한, 즉 말[言]의 결과에 의해 생겨나는 업인 '구업(口業)', 그리고 우리의 생각에 의해 생겨나는 업으로서 '의업(意業)' 등으로 업을 구분하고 있는 것이다.

한편 업이란 선업(善業)과 악업(惡業)으로 나뉘어질 수 있기도 하다. 선한 행위 및 그 결과를 초래하는 업을 선업이라 하며, 악한 행위 및 그 결과를 초래하는 행위를 악업이라 말하는 것으로, 악한 업이건 선한 업이건 모두가 이 업의 굴레를 벗어나 존재할 수 없는 것이라 하겠다.

우리의 입을 통해, 즉 말의 결과에 의해 생겨나는 업인 구업. 구업 역시 선업과 악업으로 나눌 수 있다. 남에게 좋은 말을 하여 용기를 북돋워 준다던가 하는 것은 구업 중 선업에 해당될 것이요, 독한 말을 하여 남의 마음을 아프게 했다면 그것은 구업 중 악업에 해당될 것이다. 여하튼 구업 중 악업에 해당하는 적절한 예를 우리는 「천수경」의 '십악참회(十惡懺悔)' 항목에서 찾아볼 수 있는데, 망어(妄語)·기어(綺語)·양설(兩舌)·악구(惡口) 등이 이에 해당한다고 할 수 있다. 그런데 우리는 악업과 더불어 선업 역시도 맑혀 깨끗이 해야 할 필요가 있다. 우리 인간적 관점에서 행해지는 선(善)과 악(惡)이란 그 기준이 모호한 것으로, 굳이 장자(莊子) 식의 표현을 빌린다면 우리의 말·언어[言]로써 이루어진[化] 모든 것이란 거짓[訛]된 것일 따름이기 때문이다.

그러므로 우리는 좋은 마음으로 내뱉은 말이건, 나쁜 마음으로 내뱉은 말이건 이 모두를 맑혀야 한다. 말뿐만이 아니라, 그 말에 의해 생겨난 결과로서 구업(口業)까지 맑혀야 할 필요를 갖는다. 그러므로 우리는 도량송 첫머리에 정구업진언을 외우게 되는 바, 이렇듯 우리의 구업을 맑힌 후에야 비로소 참된 진리를 이야기할 수 있기 때문이다. 아니, 이렇듯 우리의 구업을 맑힌 뒤에 우리가 내뱉는 말에는 무한한 힘이 깃들게 될 것이며 『구약성서』「창세기」에서 이야기하듯, "빛이 있으라!" 하면 빛이 생겨날 것이요, 『아라비안나이트』에서 말하듯 "열려라 참깨!" 하면 곧바로 문이 열려지게 될 것이기 때문이다.

그러므로 우리는 모든 중요한 종교예식의 첫마디에 정구업진언을 외우게 된다. 또한 도량송과 도량석의 참된 의미가 우리의 도량을 청정케 함에 그 뜻이 있다면, 우리는 그에 앞서 우리의 입을 통해 생겨난 말의 결과인 구업을 맑혀야 할 필요가 있는 것이다.

여하튼 우리는 "수리 수리 마하수리 수수리 사바하(修里 修里 摩訶修里 修修里 娑婆訶)"라는 정구업진언을 외움으로써 구업을 맑힐 수 있게 되는데, 위 게송이 의미하는 것은 과연 무엇인가?

위의 게송 "수리 수리 마하수리 수수리 사바하"는 산스끄리뜨어 'śrī śrī mahāśrī suśrī svāhā'를 음역(音譯)한 것으로, 그 뜻을 풀이해 보면 다음과 같다. 우선 '수리(śrī)'는 '좋다[吉祥], 깨끗하다, 깨끗이 한다[淨]'는 뜻을 갖는다. 또한 '마하수리(mahāśrī)'는 '참으로[大] 좋다[吉祥]'는 뜻을, 그리고 '수수리

(suśrī)'는 śrī에 묘하게〔妙〕라는 뜻의 형용사 su가 붙어 '묘하게 좋다〔妙吉祥〕·묘하게 깨끗하다〔妙淨, 妙善〕'는 뜻을 가지게 된다. 그리고 '사바하(svāhā)'는 묘하게〔妙〕라는 형용사 su에 말하다는 뜻의 aha를 합해 만든 말로 '묘하게 말하다'는 뜻을 지녀, '(말한 바가) 이루어지이다'는 기원의 의미를 갖는다.

이상의 내용을 전제로 앞의 모든 것을 종합한 채 진언 전체의 뜻을 번역해 보면 다음과 같은 의미를 얻을 수 있다. "깨끗하고 깨끗하다, 참으로 깨끗하도다. 이렇듯 깨끗하니, (말한 바 모든 것 그대로) 이루어지이다."

즉 이렇듯 '진언을 외움으로 모든 것이 깨끗해졌으니 이제 말하게 되는 것 모두가 그대로 이루어지이다'라는 내용을 담고 있는 정구업진언. 이렇게 하여 우리의 구업(口業)은 맑혀지고 이제부터 우리의 말은 진실과 화합하리니, 이제부터 나의 말은 곧 현실과 다름없으며 '나의 말이 있으므로 사물 또한 있게 될 것'이고, 내가 꽃봉우리를 보고 "꽃이 피라" 말하면 이내 꽃봉우리는 꽃을 피우게도 될 것이다. 우리의 말은 현실 그 자체가 되어질 것이라는 말이다.

2) 오방내외안위제신진언(五方內外安慰諸神眞言)

오방내외안위제신진언은 진언 명칭상 동·서·남·북 사방 및 중앙에 위치한, 곧 온 천지에 널려 있는 모든 신들을 편안케 하고 위로하고자 하는 진언을 뜻한다.

그런데 여기서 오방(五方)이란 무엇을 말하는가? 이를 설명하기 위해 앞서 인용한 『아비달마구사론』중 4개의 대륙〔四洲〕에 대한 설명을 또다시 할 필요가 있다.(도표 8, 10 참조) 그에 의하면 우주의 중심 수미산 밖 철위산 안에는 남섬부주·동승신주·서우화주·북구로주라 불리는 4개의 대륙이 널려 있어 이것을 사방(四方)이라 부르며, 그 중앙의 수미산까지를 포함하여 우리는 오방을 말하게 되는 것이다.

그렇다면 오방내외(五方內外)란 무엇을 뜻하는가? 수평적으로 동·서·남·북·중앙을 포함한 그 상하까지를 합해 말하는 것으로, 이것은 수미산을 중심으로 한 상·하, 즉 33천의 세계를 포함한 전체 우주의 구성을 뜻하는 말이라 할 수 있다. 그리하여 그 전체 우주에 널려진 모든 신들을 안위(安慰)코자 하는 진언, "나무 사만다 몯다남 옴 도로도로 지미 사바하(南無三滿多 沒馱喃 唵 度魯度魯 地尾 娑婆訶)"를 외운다.

이 진언은 내용상 '나무 사만다 몯다남'과 '옴 도로도로 지미 사바하'라는 두 부분으로 나뉘어져 있다.

우선 앞부분 '나무 사만다 몯다남'은 namaḥ sarva buddhā-nām 내지 namaḥ samanta buddhānām이라 표기될 수 있는 바, 여기서 '나무(namaḥ)'는 namas의 변격동사로 '귀의한다'는 뜻을 가진다. 또한 '사만다'의 sarva는 '일체의'란 형용사, 그리고 samanta는 '두루하는'이란 부사로 쓰인다. 그리고 '몯다남(buddhānām)'이란 '깨달은 자'를 뜻하는 buddha에 복수 여격 어미 anām이 붙여진 것이다. 이에 위 문장은 "일체의(또는 두루하는) 깨달은 자들께 귀의합니다"라 번역된다.

한편 뒷부분의 진언에 대해, 『칠구지불모준제대명다라니경』에서는 "도솔천(兜率天: 아가니슬타천궁)의 비로자나여래와 십지보살이 집회 가운데 준제불모 성자를 청하자 준제보살 성자께서 칠보(七寶)로 장엄한 수레를 타고 계심을 마음으로 생각한 채 '옴 도로도로(Oṁ turu turu)'란 묘언(妙言, 眞言)을 세 번 외우라" 하고 있다. 여기서 '옴(oṁ)'이란 창조로부터 멸망에 이르기까지 우주의 생성 및 변화를 함축시킨 상징적인 말로서, 굳이 번역한다면 "아!" 정도의 감탄사 격으로 이해함이 타당하다고 하겠다. 그리고 '도로(turu)'란 '달리다' '재촉하다'는 뜻을 갖는 tur의 명령형으로 "달리소서"라 이해될 수 있다. 이에 내용상 이 부분은 "아! (수레를 타고) 달리소서! 달리소서!"라 번역할 수 있다.

또한 『관자재보살여의륜염송의궤』에 의하면 위 진언을 외우자 "이 진언(眞言) 가지(加持)[4]로 말미암아 칠보의 수레가 저 극락세계에 닿아 여의륜관자재보살 및 제 성중 권속들이 에워싸는 가운데 칠보 수레를 타고 도량 가운데 이르러 허공에 머물게 될 것"으로 "모든 성중들께서 '지미(地尾)'하시도다"는 내용을 전하고 있다. 여기서 '지미'는 산스끄리뜨어로 jimi라 표기되며, '내려오다'는 뜻의 동사 ji에 능동어미 mi가 붙어 '(남을 위해) 내려오다'는 뜻을 갖는다. 그리고 뒷부분의 '사바하(svāhā)'는 앞에서 살펴본 것처럼 '(말한 바 모든 것 그대로) 이루어지이다'의 의미를 갖는다.

이에 오방내외안위제신진언 전체 문구는 "아! (수레를 타고) 달리소서! 달리소서! 내려오시도다! (모든 것 그대로) 이루어지이다!"라 번역될 수 있다. 즉 위 진언은 '오방내외, 온 천지에 널려 있는 모든 신들을 편안케 하고 위로하고자 하는 진언'이 아닌 '준제보살 내지 성중(聖衆)들을 도량에 청해 모시는 진언'으로서 소청진언(所請眞言)의 뜻을 갖는다고 하겠다.

여하튼 이렇듯 진언을 외운 후, 이후 도량송은 개경게 및 개법장진언으로 이어지게 된다.

---

[4] 가지(加持) : 佛의 위신력에 우리 마음을 합치시키는 일.

3) 개경게(開經偈) 및 개법장진언(開法藏眞言)

개경게란 '경전을 열어 젖히는 게송'의 뜻으로, 경전 독송에 앞서 우리가 어떠한 마음가짐을 가져야 할 것인가를 일러주는 대목이라 할 수 있다. 여기 그 게송을 들어 설명해 보면,

무상심심미묘법(無上甚深微妙法)
백천만겁난조우(百千萬劫難遭遇)
아금문견득수지(我今聞見得受持)
원해여래진실의(願解如來眞實意)

더없이 높고 극히 심오한 미묘한 법
백 천만 겁에 걸쳐 만나기 어려운 바
내 이제 보고 듣고 받아 지니오니
원컨대 여래의 진실한 뜻을 이해케 하소서

그런데 여기서 겁(劫)이란 무엇인가? 겁이란 산스끄리뜨어 kalpa의 음역(音譯) 겁파(劫波)가 줄어서 된 말로, 뜻으로 번역하면 대시(大時)가 된다. 그렇다면 겁의 시간적 길이는 얼마나 되는가? 힌두신화에 따르면 겁이란 '창조신 브라흐마(Brahma)

의 하루'를 말하며, 1,000의 마하유가(Mahāyuga) 또는 인간의 햇수로는 4,320,000,000년의 기간을 가리키게 된다.

즉 1겁은 43억 2천만 년에 해당한다. 그런데 여기서는 백만 겁이며 천만 겁을 이야기하고 있으니, 그 시간적 길이는 가히 헤아려 볼 수 없는 것이 된다. 그 헤아려 볼 수 없는 영원한 시간, 영겁(永劫)의 시간 가운데 다행히 만나기 어려운 부처님 법 '무상심심미묘법'을 보고 듣고 받아 지니니, 원컨대 이번 기회에 여래의 진실한 뜻을 이해했으면 좋겠다는 말로서 개경게는 마쳐지고 있다.

그리고 이후 개법장진언 "옴 아라남 아라다(唵 阿羅南 阿羅馱)"를 외우게 되는데, 이것은 '법(法)의 창고를 열어 젖히는 참된 말'이란 뜻을 가지고 있다. 그러면 이 진언이 뜻하는 의미는 무엇인가?

위의 게송 "옴 아라남 아라다"는 산스끄리뜨어 'oṁ āraṇam ārata'를 음역한 것으로, 다음과 같이 그 뜻을 풀이할 수 있다. 우선 '아라남(āraṇam)'은 '심연(深淵)'의 뜻을 갖는 명사 āraṇa에 대격어미 m이 붙어 '심연(깊은 곳)에로'라 해석된다. 한편 '아라다(ārata)'는 '유희(遊戲)하다'는 뜻의 동사인 ram의 과거 수동분사로서, 개법장진언은 "아! 깊은 곳(진리)에로 (이르러) 유희함을 ……" 바라는 소망 내지 "아! 깊은 진리를 통달하였음"

을 확신하는 상태의 의미로서 이를 해석할 수 있다.

이렇듯 우리의 소망 내지 확신의 어구를 세 번 되풀이한 후 진언 또는 다라니, 경문 등을 독송함으로서 도량송의 다음 단계에로 이르게 된다.

4) 진언(眞言) 또는 다라니(陀羅尼)

진언이란 산스끄리뜨어 mantra의 번역어로, 만달라(曼怛羅)라 음역되기도 한다. 진언이란 불·보살 및 하늘 천신들의 서원(誓願)이나 그들이 갖고 있는 덕성(德性) 내지 별명, 그 가르침의 깊은 의미를 포함하고 있는 비밀스런 어구(語句)로, 희·노·애·락 등에 의해 생겨난 감탄사, 즉 '말〔言〕 이전의 표현이거나 언어 이전의 문자' 등을 가리키는 말로서 인식되기도 하였다.

말 이전의 표현이거나 언어 이전의 문자. 이러한 의미에서 우리는 이것을 '참된 말', 즉 진언(眞言)이라 부르게 되는데, 진언이란 인간 언어의 중재를 거치지 않은 채 직접 진리를 표현해 낸다거나 직접적으로 진리에 화합하는 성질을 가진 것으로서 이해되기도 한다. 또한 이것은 진리뿐만이 아닌 성스런 힘과의 직접적 만남을 가능케 하는 어구이기도 하다. 즉 진언의 많은 부분이 신(神)들의 덕성이거나 그 위업 내지 별명을 드러내고 있는 것으로(우리가 외우는 『천수경』의 「신묘장구대다라니」는 대부분이 관자재보살의 위업과 별명, 덕성을 찬탄하는 내용으로 이루어져 있다), 이 진언을 외운다 함은 만유의 공간 속에 머물고 있는 신들을 우리 주변에 끌어들이는 일종의 호출부호를 발사시키는 역할과도 동일시 생각될 수 있는 것이다.

이렇듯 언어 이전의 문자나 성스런 힘과의 직접적 만남을 가능케 해주는 진언. 일반적으로 중국·한국·일본 등지에서는 이러한 진언은 번역하지 않고 음역하여 사용함을 원칙으로 삼았는데, 이는 중국의 역경사(譯經師) 현장(玄奘) 스님의 '오종불번(五種不翻)'의 원칙으로부터 비롯된 것이라 하겠다. 여기서 '오종불번'이라 함은 '다섯 가지 번역하지 않는 것'을 말하는 것으로, 다섯 가지 번역하지 않는 것을 들어 보이면 다음과 같다.

① '다라니', 즉 진언과 같이 비밀한 뜻이 있는 것.
② '박가범(婆伽梵)'5)과 같이 많은 의미를 포함하고 있는 것.
③ '염부수(閻浮樹)'와 같이 중국에는 존재하지 않는 것.
④ '아뇩다라삼먁삼보리(阿耨多羅三藐三菩提)'와 같이 이전

---

5) 박가범(婆伽梵) : 흔히 붇다·세존의 번역어로 쓰인다.

의 역자(譯者)가 음역해 사용하여 일반적으로 그 의미가 두루 알려져 있는 것.

⑤ '반야(般若)'와 같이 지혜(智慧)라 번역하면 경박하기 때문에 존중의 의미를 잃지 않기 위해 번역하지 않는 것 등.

이러한 원칙에 의해 진언은 번역하지 않고 음역하여 쓰게 되는 바, 일반적으로 진언 중 긴 것을 '다라니(陀羅尼, dhāraṇī)'라 부르며 혹 진언과 다라니를 합해 '명주(明呪, vidyā)'라 표현하기도 한다. 또한 '옴(oṁ)'자와 같이 한두 글자로 이루어진 진언은 '종자(種子)'라 부르기도 하여 진언 자체에 구분을 두고 있기도 하다.

도량송에 사용되는 진언 내지 다라니로는 「대불정여래밀인수증요의제보살만행수릉엄신주」와 「관자재보살여의륜주」·「불정심관세음보살모다라니」·「불설소재길상다라니」 등 사대주(四大呪)와 신묘장구대다라니(神妙章句大陀羅尼) 또는 해탈주(解脫呪) 등이 있다.

이들 다라니(특히 「신묘장구대다라니」의 경우)를 독송할 때 예전에는 '물 뿌리는 의식'을 동시에 행했던 것으로 보인다. 이에 『작법귀감』 및 『범음산보집』 등 고래의 의식집에 의할 것 같으면 다라니를 외우기 전에 먼저 다음 구절의 쇄수게(灑水偈)를 외우게끔 되어 있다.

    관음보살대의왕(觀音菩薩大醫王)
    감로병중법수향(甘露甁中法水香)
    쇄탁마운생서기(灑濯魔雲生瑞氣)
    소제열뇌획청량(消除熱惱獲淸凉)

    관음보살께서는 모든 의사(醫師) 중의 으뜸이시니
    감로병(甘露甁) 가운데 담겨진 법(法)의 물, 그 향기로서
    탁한 마(魔)의 기운 흩뿌려 상서로운 기운 생겨나고
    들뜬 마음의 번뇌 소멸시키시어, 청량함을 얻게끔 하소서

그런 이후 『작법귀감』에 의하면 "대중이 함께 범음(梵音: 다라니) 3편을 외우되, 탁자 앞에 나아가 향을 꽂고 왼손에는 물그릇을, 오른손에는 양지가지를 잡은 다음, 물에 향 연기를 3번 쏘인 후 3번을 휘젓고 난 다음 법당 내부와 법당 밖, 절의 회랑을 한 바퀴씩 돌며 물을 뿌리는데, 이렇게 3바퀴를 돎으로서 온 땅이 정토(淨土)로 변해질 것이다"고 말하고 있는 것이다.

    이렇듯 다라니를 외우며 물을 뿌림은 앞서도 언급한 바, '바이샬리의 기근'에서 '물을 뿌렸음'과의 동일성을 생각해 볼 수

있다. 즉 『불가일용작법』에서는 "만약 사방에 물을 뿌림을 본 즉 ('사방찬'을) 독송할 것이며, 그렇지 않으면 다만 엄정게(嚴淨偈: '도량찬'을 의미)만을 외우라"고 기록하고 있기도 하다.

5) 사방찬(四方讚) 및 도량찬(道場讚)

그러나 현행의 경우 진언 및 다라니 등을 외움에 있어 '물 뿌리는 의식'이 생략된 채 이후 도량송은 사방찬과 도량찬에로 이어진다. 여기서는 '도량찬' 게송 중에 등장하는 '천룡(天龍)'에 대한 사항만을 간략히 기술해 보기로 한다.

천룡이란 '천룡팔부(天龍八部)', 즉 불법을 수호하는 여덟 신장(神將)을 말하는 것으로, 천·룡·야차(夜叉)·건달바(乾闥婆)·아수라(阿修羅)·가루라(迦樓羅)·긴나라(緊那羅)·마후라가(摩睺羅迦) 등 전래 힌두신들이 불교의 수호신으로 받아들여진 것들이라 하겠다.

여기서 천(天)이란 석제환인(釋提桓因), 즉 수미산 꼭대기에 머무는 도리천의 왕을 말한다. 산스끄리뜨어로는 Śakrā-devānām indra로 석제환인다라(釋提桓因陀羅)라 음역되며, 일반적으로 제석천(帝釋天)이라 번역되기도 한다. 원래 힌두교의 우신(雨神)이 불교적으로 변화된 모습으로, 모든 신들의 왕이라 칭해지며 코끼리를 탄 모습에 금강저(金剛杵, Vajra)와 그물을 손에 든 모습으로 표현된다. 여기서 그물이란 인다라망(因陀羅網)을 말하며 제망(帝網)이라 약해 부르기도 하는 바, '예경문' 문구 가운데 '제망찰해'의 '제망'이란 이것을 일컫는 말이다.

천(天) Sakrā-devānām indra

한편 용(龍)이란 산스끄리뜨어의 nāga, 즉 뱀[蛇]을 지칭한 번역어로, 고대 인도에서 뱀(용)을 숭배하던 관습이 종교화하여 성립된 초월적 대상을 말한다. 뱀 자체의 외형적 성질 및 특징들을 종합한 채, 용이란 '무한한 생명력의 수호자'로서 인식되기도 하였으며, 불법(佛法) 수호의 신으로서 불법

용(龍), Nāga

이 행해지지 않을 때는 용왕(龍王)이 이를 호지(護持)하여 경전을 바다 속에 감추어 둔다고 전해지고 있다. 참고적으로 『화엄경(華嚴經)』은 나가르쥬나(Nāgārjuna), 즉 용수(龍樹) 보살이 용왕이 사는 용궁으로부터 구해온 것이라 말해지고 있다.

이어 '천룡팔부' 중 세 번째 신으로서 야차를 들 수 있다. 야차란 산스끄리뜨어 yakṣa의 음역으로, 고대 힌두신화에 등장하는 나무의 신이나 산의 신·토지의 신 등 풍요와 결부된 지모신(地母神)이 불교적으로 변화한 모습을 말한다.

현재 야차의 모습은 인도 산치대탑의 난간이나 많은 불탑의 문 등에 장식된 형태로서 남아 있는데, 이렇듯 불법 수호의 수문장으로서 야차의 성격은 힌두신화에서 볼 수

야차(夜叉), Yakṣa

있는 쿠베라(Kuvera)6)의 하나로서, 이는 수문장의 역할을 맡던 야차의 성격을 그대로 드러낸 것이라 할 수 있다.

그리고 건달바는 산스끄리뜨어 gandharva의 음역으로, 음식으로서 향(香, gandha)만을 먹는다는 특성 때문에 건달바는 '식향(食香)'·'심향(尋香)'·'향음(香陰)'이라 번역되기도 한다. 힌두신화에 표현되는 건달바는 반인반조(半人半鳥)의 모습으로 하늘 천공(天空)에 거처를 마련하고 신들을 위한 영원성의 음료, 즉 불사(不死)의 물인 감로수 '소마(soma)'를 보존하는 역할을 맡고 있는데, 이렇듯 영원성의 음료(soma)를 보존한다는 그의 특성이 불법(佛法)을 보존한다는

건달바(乾闥婆), Gandharva

---

6) 쿠베라(Kuvera) : 불교의 비사문천(毘沙門天)에 해당.

역할로 전이된 것이라 생각할 수 있다.

『능엄경(楞嚴經)』에 의할 것 같으면 건달바는 비사문천(毘沙門天)과 함께 사천왕 중 하나인 동방 지국천왕(持國天王)의 권속으로 이해되며, 음식으로써 고급스런 향만을 먹으며 하늘 천공을 노니는 그의 모습에 견주어 태평스럽게 노니는 사람을 지칭하는 우리말의 '건달'이란 표현이 생겨나기도 하였다.

또한 아수라는 산스끄리뜨어 asura의 음역으로, asu는 호흡·숨을 뜻하는 말인데, 힌두교의 창조신 브라흐마의 호흡으로부터 태어난 첫번째 창조물로서 이해되고 있다. 조르아스터교의 전지자 아후라(Ahura)와 동일시되기도 하며 빛의 근원을 뜻하기도 하는 신으로, 힌두신화에서는 수행자를 방해하고 제석천과 전쟁을 일삼는 신으로 표현되기도 하나, 전체 불교 우주관 속에 불법수호의 신으로 편입되고 있다.

아수라(阿修羅), Asura

다음으로 가루라는 garuḍa의 음역으로 금시조(金翅鳥)라 번역되며, 대범천왕(大梵天王) 또는 문수보살이 중생을 구제하기 위해 화현한 것이라고 불교적으로 이해되는 신이다.

힌두신화에 의할 것 같으면 반인반조의 새 가루라는 애초 태양신으로 받들어지기도 하였으나, 이후 비슈누신의 '탈 것'으

가루라(迦嘍羅), Garuda

로 그 용도가 전이된 후 불법의 수호신으로 불교에 편입된 전설적 동물이다. 용을 잡아먹는다는 금시조로서의 성격은 경전의 많은 부분에 등장하기도 하는데, 가사(袈裟)의 실오라기 하나가 금시조의 공격으로부터 용을 보호해 준다는 설화는 가사의 공덕과 더불어 금시조로서 가루라의 성격을 동시에 전해 주는 것이라 하겠다.

한편 긴나라는 Kiṁnara의 음역으로 kiṁ은 '어떤?'을 뜻하는 불변사, nara는 '사람'을 뜻하는 명사로 '사람인지 아닌지, what man'의 뜻으로 해석되기도 하여, 한역(漢譯)에서는 이를 의인(疑人)이라 번역하기도 한다. 산치대탑의 부조(浮彫)나 바루후트 건축 등에 남아 전하는 긴나라는 반인반마(半人半馬)의 모습

으로 혹 머리부분이나 몸부분이 말(馬)로 표현되는 경우가 있다.

힌두신화에 의하면 창조의 근원인 카샤파(Kaśyapa)의 아들로, 혹은 야차와 함께 창조신 브라흐마의 발가락에서 태어난 존재로, 쉬바신 머무는 카일라사(Kailāsa)산 쿠베라(Kuvera)의 하늘에 살며 하늘음악을 연주하는 악사나 노래하는 천신으로 표현되며, 불교에서도 역시 하늘음악을 연주하며 불법을 보호하는 천신으로 숭배되고 있다.

긴나라(緊那羅), Kimnara

마지막으로 마후라가는 mahoraga의 음역으로 몸은 사람이요 머리는 뱀의 형태를 한 신을 말한다. Mahoraga란 명칭은 mahā uraga로 나뉘어져 great serpent, 즉 용왕을 말하여, 그 중에서도 특히 쉐샤(Sesha) 용왕을 마후라가라 부르게 된다. 앞서 설명한 불법 수호의 신인 용과 동일시 생각해도 무방할 것이다.

2. 종송(鐘誦)

 일체 지옥중생의 구제에 그 뜻을 두고 있는 '종송'은, 앞부분의 짧은 게송 및 그 뒤에 진언이 이어지는 형식적 구성을 보이고 있다.
 한편 종송 자체가 지옥중생의 구제에 그 뜻이 담겨져 있는 만큼, 종송의 요점을 설명하기 위해 우리는 먼저 '지옥의 구성'에 대해 살펴볼 필요가 있다.

지옥(地獄)의 구성

 『아비달마구사론』「분별세품(分別世品)」에 의할 것 같으면, 지옥이란 산스끄리뜨어 naraka의 음역으로 날락가(捺落迦)라 표기되며, 우리가 살고 있는 남섬부주 바로 아래에 형성되어 있는 것으로 설명되고 있다.

(1) 8개의 지옥

위 『아비달마구사론』의 설명에 따라 지옥의 구성을 간략해 보면, 지옥이란 남섬부주 바로 아래에 형성되어 있으며 거기서부터 바다 수면 밑으로 2만 유순(由旬)7)의 거리 사이에 ① 등활(等活)지옥, ② 흑승(黑繩)지옥, ③ 중합(衆合)지옥, ④ 호규(號叫)지옥, ⑤ 대규(大叫)지옥, ⑥ 염열(炎熱)지옥, ⑦ 극열(極熱)지옥 등이 형성되어 있는 것으로 되어 있다. 그리고 그 밑으로 또다시 2만 유순의 거리 사이에 ⑧ 아비지(阿鼻旨)지옥을 포함한 '8개의 지옥'이 만들어져 있다고도 한다.(도표. 11)

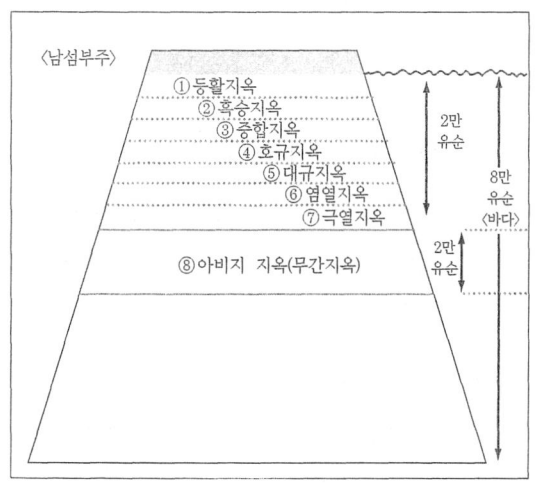

도표 11.
8개의 지옥

---

7) 유순(由旬) : 산스끄리뜨어 yojana의 음역이다. 고대 인도에서의 거리의 단위로, 멍에를 멘 황소가 하루를 걷는 거리를 말한다.

위 도표에서 볼 수 있듯, 가장 윗컨에 위치한 지옥 '등활'이란 산스끄리뜨어 Saṁjīv의 번역어로, '다시 생명을 불어넣다'는 뜻을 갖는다. 즉 극심한 지옥의 고통 속에서나마 잠시 서늘한 바람이 불어오면 다시금 살아나 활력을 회복할 수 있는 까닭에 붙여진 이름이다.

다음 지옥으로 '흑승'이란 Kālasūtra의 번역어로, 지옥의 옥졸들이 죄인의 몸에 '먹줄을 치고' 톱으로 몸을 잘라내게 되는데, 그 죄인은 이후 또다시 살아나 같은 고통을 거듭 받게 된다고 한다.

또한 '중합'이란 Saṁghāta의 번역어로, 두 개의 산이 합해져 몸을 짓누르는 까닭에 그 사이를 비집고 빠져 나와야만 하는 지옥을 말한다. 그리고 '호규'란 '울며 비탄한다'는 뜻을 갖는 raurava의 번역어로, 지옥의 고통이 너무 심한 나머지 울부짖게 된다는 지옥을, 또한 '대규'란 mahāraurava, 즉 더 큰 고통으로 인해 더욱 크게 비명 지르고 울부짖게 된다는 지옥을 말한다.

그리고 '염열'이란 tapana, 즉 화염과 열탕의 고통을 받게 되는 지옥을, '극열'이란 pratāpana, 즉 극심한(pra) 화염과 열탕의 고통을 받게 되는 지옥을 말한다.

이처럼 7개의 지옥은 그래도 다행이다. 그토록 고통을 받는 사이에도 잠시의 휴식을 취할 수 있는 까닭이다. 그러나 '아비지', 즉 무간(無間)지옥이란 이와는 다르다. 그 지옥의 이름을 아비지(avīci), 즉 무간이라 이름한 것은, 앞의 7개의 지옥과는 달리 이 지옥에서는 고통이 끊임없이 생겨나는 것에서 유래한다. 쉼 없이 고통이 밀어 닥쳐오는 지옥.

여하튼 위 8개의 모든 지옥은 뜨거운 쇠로 바닥이 만들어져 있고, 그 둘레에는 쇠로 만든 담이 쳐져 있음과 함께 4면에는 각각 하나씩의 문이 있는데, 나쁜 짓을 한 사람들이 이곳에 그득하며 여기저기 불꽃이 퍼져 맹렬한 불이 항상 이글거린다고 한다.

(2) 16개의 지옥

한편 『아비달마구사론』은 이들 지옥 외에 수많은 지옥들에 대해 이야기하고 있다. 곧 위 '8개의 지옥'으로부터 풀려져 나온 중생들은 그 주변에 널려진 또다른 '16개의 지옥' 및 8개의 차가운 지옥, 즉 '8한(八寒)지옥'에서 또다시 고통을 받게 된다고 하는데, 이 '16개의 지옥' 내지 '8한지옥'은 각각 '8개의 지옥' 4면의 문 밖에 만들어져 있는 것으로 설명되고 있다.(도표. 12)

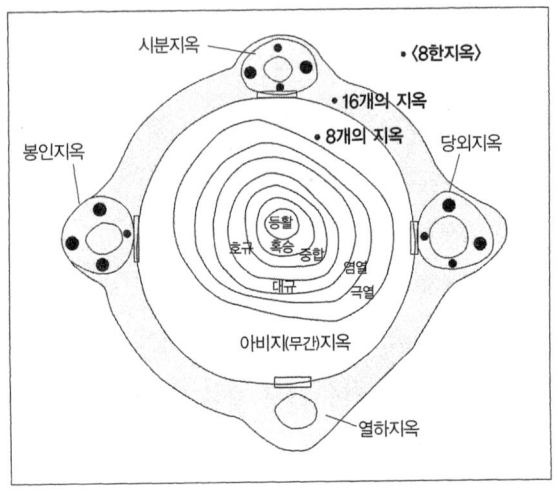

도표 12. '16개의 지옥' 및 '8한(寒)지옥'

이제 각각 '16개의 지옥'에 대해 설명해 보기로 하는 바, 이들은 크게 다음과 같이 4개의 지옥으로 나뉘어진다. 그 첫번째로 '당외지옥(煻煨地獄)'을 들 수 있다. 이 지옥은 뜨거운 재가 무릎까지 쌓여 있어, 중생들이 그곳에 발을 디디면 피부와 살이 불에 타서 문드러지나 발을 떼면 본래와 같이 회복되는 지옥을 말한다. 또한 두 번째로 '시분지옥(屍糞地獄)'이 있는데, 이 지옥에는 오줌과 똥·진흙이 가득하고 그 안에는 낭구타(娘矩吒)라 불리는 벌레가 있어 중생들의 피부를 뚫고 뼈를 파내 그 안의 골수를 빨아먹는다고 한다.

그리고 '봉인지옥(鋒刃地獄)'이라 불리는 지옥에는 칼로 만든 길과 숲, 쇠 가시의 숲이 널려져 있어, 중생들이 그곳을 지날 때 팔과 다리 등이 잘라져 고통을 당하나 그곳을 지나면 다시 몸이 원상태로 되어 끊임없는 고통을 당하게 되는 곳을 말한다.

이상 앞에 든 3개의 지옥에는 각각 4개씩의 부속 지옥이 딸리게 되며, 따라서 총 15개의 지옥이 형성되어진다.

마지막 네 번째이자 '16개의 지옥' 중 16번째에 해당하는 지옥으로 '열하지옥(烈河地獄)'을 들 수 있다. 이곳은 뜨겁고 짠 강물의 지옥으로 중생들이 그곳에 들어가 떴다 가라앉았다를 거듭하는 가운데 뼈와 살이 문드러져, 그곳에서 빠져 나오려 하나 옥졸들이 칼과 창으로 지켜 그곳에서 끊임없는 고통을 당하게 되는 곳을 말한다.

(3) 8한(八寒)지옥

이외에도 8개의 '8한지옥(八寒地獄)'이 있다. 이 '8한지옥'은 '16개의 지옥' 밖에 만들어져 있으며, 그 속에 있는 중생들은 모두가 극한 추위에 시달리게 된다. 또한 그 추위에 시달리는 정도에 따라 지옥의 명칭도 달라지게 되는데, '8한지옥' 각각의 명칭을 들어보면 다음과 같다. ① 알부타(頞部陀), ② 니자부타(尼剌部陀), ③ 알석타(頞哳吒), ④ 확확파(臛臛婆), ⑤ 호호파(虎虎婆), ⑥ 온발라(嗢鉢羅), ⑦ 발특마(鉢特摩), ⑧ 마하발특마(摩訶鉢特摩).

이 중 알부타(arbuda)라 함은 종기를 뜻하는데, 극심한 추위로 인해 몸에 종기가 생겨나는 지옥을 말한다. 니자부타(nirarbuda)는 더욱 극심한 추위로 종기마저 터져버리는 지옥을, 그리고 알석타·확확파·호호파 등은 너무도 추워 '아다다(aṭaṭa)'·'하아파(hahava)'·'후우파(huhuva)'라는 비명이 저절로 새어 나오는 지옥을 말한다.

또한 온발라(utpala)란 파란색 연꽃을 말하여, 극심한 추위로 지옥이 온통 파랗게 보여지는 곳을, 발특마(padma)란 붉은 보라빛 계통의 연꽃을 뜻하여, 추위로 인해 파랗다기보다 차라리 붉은 보라빛 색깔을 띄는 지옥을, 그리고 마하발특마(mahā-padma)란 추위로 인해 붉은 보라빛마저 그 색을 더해 갖는 곳을 말한다.

이렇듯 지옥의 참혹함을 말하고 있는 경전 설명들. 이에 아침 종송을 행하는 가운데 우리는 '원컨대 이 종소리 법계에 두루하여 (법계를 둘러싼) 철위산의 그윽한 어둠 모두 다 밝아지며, 지옥·아귀·축생의 고통 여의고 도산지옥(봉인지옥) 파괴되어 일체 중생이 바른 깨달음 얻어지이다(願此鐘聲遍法界 鐵圍幽暗悉皆明 三途離苦破刀山 一切衆生成正覺)"라는 게송을 외우며 삼악도(三惡道)의 중생들이 깨달음의 세계로 나아가기를 기원한다. 그뿐만이 아니라 아수라도(阿修羅道)에서 고통받는 중생들, 방생도(傍生道)8)에서 고통받는 중생들, 이 모두에게 종소리가 영원한 '구원의 법음(法音)'이 되어 울려 퍼지기를 기원한다. 아니 종을 울리며 이러한 염원을 우리 스스로의 마음에 되새기게 되는 것이다.

그리하여 저녁 종송 말미에 우리는 다음 게송을 노래하기도 한다.

종소리 듣고 번뇌를 끊자(聞鐘聲 煩惱斷)
지혜를 길러 보리(菩提)의 마음을 낼지니(智慧長 菩提生)
지옥을 여의고 삼계(三界)의 고통 벗어나(離地獄 出三界)
원컨대 부처 이루어 중생들을 제도하리라(願成佛 度衆生)

---

8) 傍生道 : 곁 방(傍)자를 써서 '벌레·날짐승·물고기 따위와 같이 몸이 옆으로 되어 있는 모든 생물'을 가리킨다

3. 예경(禮敬)

자심청정(自心淸淨)에 귀의한다는 것. 개개의 인격 내지 사물에 내재한 불성에 귀의함이 예불의 참뜻이라 할 수 있음에도, 우리는 예경 전체의 게송 및 문구들 가운데 이외의 또 다른 내용들을 발견할 수 있다. 즉 또 다른 초월적 실체에 대한 존경의 예를 표하는 부분들이 널려져 있는데, 이제 예경문 전반의 내용들을 몇몇 부분으로 나누어 각각의 사항들을 좀더 구체적으로 설명해 보기로 한다.

그럼에도 우리는 다음 사항을 전제해 두어야만 할 것이다. 즉 '예경'의 주요 문구들이 삼보(三寶)에 대한 예배에 그 초점이 맞춰져 있음에도, 그 근본 뜻은 그들 대상을 통한 우리 개개의 자유 내지 성불(成佛)에 예경의 참뜻이 담겨져 있다는 것이다.

그리하여 우리는 예경에 담긴 다음 의미를 상기해 보아야 할 것으로, 이는 중국 당나라의 도세(道世)가 지은 『법원주림(法苑珠林)』에 나오는 이야기이다. 그는 부처님께 예경을 올림에 있어 다음 7가지의 구분을 행하고 있다.

그 첫째가 아만심을 가지고 절을 올리는 '아만교심례(我慢憍心禮)'이다. 그 둘째는, 화합을 말하고 있으나 실은 스스로의 명예를 구하기 위한 '창화구명례(唱和求名禮)'. 또한 몸과 마음으로 공경을 표하는 '심신공경례(心身恭敬禮)'. 그리고 지혜의 청정함을 드러내어 예를 올리는 '발지청정례(發智淸淨禮)'. 부처도 중생도 아닌, 곧 부처와 중생이 모두가 상통하고 있는 우주 법계의 이치를 통달하여 한 분의 부처에 절을 올릴 때 우주에 계신 모든 부처님께 절을 올리는 경지의 '편입법계례(偏入法界禮)'. 부처님께 절하는 것이 자기 자신의 불성(佛性)에 절하는 것임을 아는 바른 견해 속에 절을 올리는 '정관수성례(正觀修誠禮)'. 또한 자타(自他)가 둘이 아닌 이치 속에, 예배 하는 자와 예배 받는 대상마저 공(空)한 '실상평등례(實相平等禮)' 등.

우리는 예경을 행할 때, 어떠한 부처님을 향해 예(禮)를 올리는 것일까? 이는 불교의 참된 실상에 대한 물음이 될 것이며, 자신 내면의 성찰에로 우리를 이끌게 될 참된 물음이 될 것이다. 그리하여 우리는 진정 '마음의 붓으로 그린 부처님' 앞에 절을 올리는 가운데, 이내 마음 법계(法界)의 끝에 이를 수 있을 것인가?

1) 삼보(三寶)에의 귀의

우리는 아침 예경의 '다게(茶偈)' 부분에서 "불·법·승 삼보(三寶)께 차(茶)를 봉헌한다"는 게송〔奉獻三寶前〕을 발견할 수 있다. 물론 다게뿐만이 아니라 예불의 전체 구성을 살펴볼 때 '예경'의 모든 게송 및 문구들은 삼보에 대한 귀의(歸依)에 그 초점이 맞춰져 있음을 알 수 있는데, 그렇다면 여기서 삼보란 무엇을 말하는가? 이를 명확히 설명하기 위해 우리는 '삼귀의(三歸依)' 전체의 의미성을 살펴보아야 할 것이다.

『잡아함경(雜阿含經)』 가운데서 우리는 다음 구절을 발견할 수 있다. "의지하고 존중하는 대상이 없는 사람의 생활은 괴로움이다"라는.

즉 강을 건너려면 배가 필요하고 높은 곳에 오르려면 사다리가 필요하듯, '생사(生死)의 고해(苦海)'를 건너 '열반의 저 언덕'에 이르고자 하는 우리 불교인들에게 우리가 마땅히 돌아가 의지할 귀의처가 있어야 함을 말하고 있는 것이다. 그리고 그 귀의처로서 불·법·승 '삼보'를 말하고 있으며, 그 삼보께 귀의코자 하는 우리 불제자로서의 맹세를 '삼귀의'라 부르고 있는 것이다.

이제 이상을 전제로 삼귀의 자체의 의미성을 좀더 구체적으로 알아보아야 할 것인 바, '삼귀의'의 게송을 여기 들어보기로 한다.

　귀의불양족존(歸依佛兩足尊)
　귀의법이욕존(歸依法離慾尊)
　귀의승중중존(歸依僧衆中尊)

　지혜와 복덕[兩足]을 (갖춘) 존귀한 분, 부처님께 귀의합니다
　탐욕을 여의게끔 해주는 존귀한 부처님 법에 귀의합니다
　모든 무리들 가운데 존귀한 화합대중에 귀의합니다

여기서 양족존(兩足尊)이란 두 가지 의미로 해석될 수 있다. 곧 '두 다리[兩足]를 가진 생명체[人間] 중 가장 존귀한 분[尊]', 또는 '지혜와 복덕 두 가지 덕[兩]을 두루 갖추신[足] 존귀한 분[尊]'이란 해석이 그것이다. 그리고 귀의라 하는 것은 나의 모든 마음을 부처님께 의탁하여, 언젠가 스스로도 부처님과 같은 열반(涅槃)을 성취하여 많은 사람들의 복전(福田)이 되겠다는 서원을 말하고도 있다.

한편 이욕존(離欲尊)이란 우리 인간의 탐욕[欲]을 여의게[離] 하는 존귀한 것[尊], 즉 부처님 법의 가르침을 뜻하게 된

다. 그런데 그 부처님 법은 영원성과 보편타당성을 동시에 지니고 있는 관계로 모든 사물에 평등히 작용하며, 그런 까닭에 개인의 사사로운 욕심〔欲〕을 여의었다〔離〕 하여 '이욕존'이라 말한다. 이는 탐욕의 세계에서 부처님 가르침을 의지하여 진리의 세계에로 나아가겠다는 우리의 서원이며 약속을 의미하는 것이라 하겠다.

또한 중중존(衆中尊)이란 모든 무리〔衆〕 가운데서〔中〕 가장 존귀한 '승가(僧伽, saṃgha)'를 의미하며, 4명 이상의 스님들9) 무리나 비구(比丘)·비구니(比丘尼)·우바새(優婆塞)·우바이(優婆夷) 등 승단(僧團)의 4부대중을 의미한다. 출가스님들과 재가신자들을 포함한 4부대중. 그러므로 이것은 우리 불교인 스스로가 승가의 일원임을 자각하고, 이웃과 더불어 의지하여 부처님 법을 닦겠다는 서원이며 약속이라 말할 수 있다.

한편 『육조단경(六祖壇經)』에 의할 것 같으면, 위 불·법·승 삼보를 육조(六祖) 혜능(慧能) 스님은 다음과 같이 풀이하기도 하였다. 즉 '자신 마음이 깨달음을 의지해 욕심을 여의고 만족함을 얻으며 재색(財色)을 여읜 것'을 '양족존'이라 하였으며, '자신 마음의 바른 것에 의지하여 생각에 탐애나 집착이 없는

---

9) 4명 이상의 스님들이 모여야 수계·포살 등 갈마(羯磨)를 행할 수 있는 까닭에, 4라는 숫자는 승가 구성의 최소 단위가 된다.

것'을 '이욕존'이라 하였고, 또한 '자신 마음의 청정함에 의지하여 모든 티끌의 세계·애욕 등에 물들거나 집착하지 않음'을 '중중존'이라 이름하였던 것이다. 이처럼 자신 마음에 내재한 '자심삼보(自心三寶)'에 귀의하여 안으로는 심성을 고르게 하고, 밖으로는 다른 사람을 공경하는 것. 이것이야말로 스스로의 마음·청정함에 귀의하는 올바른 자세라 말할 수 있을 것이다.

한편 삼귀의를 우리는 달리 귀명삼보(歸命三寶)라 칭하기도 한다. 이는 '목숨을 다하여 삼보께 귀의한다'는 말로서, 자신의 전 인생·생명이 다다르도록 삼보께 귀의하겠다는 우리의 확고한 마음자세를 요구하는 표현이라 할 것이다.

2) 오분향례(五分香禮)

오분향례란 '오분법신(五分法身), 즉 부처님께 향을 공양하고 예를 올리는 것'을 말한다. 그런데 여기서 오분법신이란 무엇을 말하는 것인가? 이를 설명키 위해 우리는 보살(菩薩) 및 성문(聲聞)·연각(緣覺) 등 삼승(三乘)의 수행 정도를 설명해야 하는데, 이에는 '견도(見道)' 및 '수도(修道)'·'무학도(無學道)' 등 세 단계의 수행 정도가 있다.

여기서 견도라 함은 온갖 지적(智的) 미혹함으로부터 벗어나는 것을 말한다. 또한 수도라 함은 온갖 정(情)과 의(意)의 방편적 번뇌에서 벗어나는 것을, 그리고 무학도란 수행을 완료하여 소승(小乘)의 아라한(阿羅漢)10)이나 대승(大乘)의 부처님께서 닦으신 도의 상태에 이르렀음을 의미한다.

이렇듯 여러 단계의 수행을 거쳐 대·소승의 무학도의 지위에 이르신 부처님과 아라한이 갖게 되는 법체(法體), 이것을 우리는 오분법신이라 말하며, 이 오분법신은 계신(戒身)·정신(定身)·혜신(慧身)·해탈신(解脫身)·해탈지견신(解脫知見身) 등 다섯 가지로 구분된다.

즉 탐심(貪心)을 여읨으로서 망상을 떨쳐낸 채 계(戒)의 몸을 얻을 수 있고〔계신戒身〕, 진심(瞋心)을 여읨으로서 망상을 떨쳐 정(定)의 몸을 얻을 수 있으며〔정신定身〕, 치심(癡心)을 여읨으로서 망상을 떨쳐 혜(慧)의 몸을 얻을 수 있고〔혜신慧身〕, 이렇듯 탐·진·치 삼독(三毒) 번뇌의 속박에서 벗어난 자유자재함을 얻음으로서 해탈(解脫)의 몸을 얻어〔해탈신解脫身〕, 마침내는 일체 번뇌의 속박에서 벗어난 자유자재의 몸임을 스스로 알아차린〔解脫知見〕 부처님 내지 대아라한들〔해탈지견신解脫知見身〕.

우리는 이들 오분법신을 향(香)에 비유하여 '계향·정향·혜

---

10) 아라한(阿羅漢) arhan. 소승불교에서 최고의 깨달음의 경지.

향·해탈향·해탈지견향' 등 '오분향(五分香)'을 말하게 되는데, 이 오분법신에 향을 공양하고 예를 올림을 또한 '오분향례'라 부르게 되는 것이다.

한편 오분향례 말미에 우리는 다음의 헌향진언(獻香眞言)을 봉송한다.

헌향진언

옴 바아라 도비야 훔(唵 婆阿羅 度俾耶 吽)

즉 향을 공양하며 외우는 진언으로, '옴 바아라 도비야 훔'은 산스끄리뜨어로 oṁ pāra dhūpāya huṁ이라 표기할 수 있다. 여기서 '바아라(pāra)'는 '피안에 이르름〔到彼岸〕'을 말한다. 한편 '도비야(dhūpāya)'는 향(香)을 뜻하는 단어 dhūpa에 여격어미 ya가 붙어 '향에게'라 해석될 수 있다. 그리고 '훔(huṁ)'은 여러 의미가 담겨진 복합어로 다음과 같은 어구가 종합되어 만들어진 글자이다. 즉 '원인(原因)'이란 뜻을 갖는 hetu라는 명사의 'h'와 '감소시키다'는 뜻을 갖는 과거분사의 'u'를 취한 채, 음편(음의 조각) 'ṃ'[11]을 더해서 만든 글자로, '(윤회의) 원인을

---

11) ṃ : 아누스와라(anusvāra)라 하며, 자모(字母) 위에 찍는 점(·)을 의미한다.

감(減)한다' 또는 '(윤회의) 원인이 되는 업을 없앤다'는 뜻으로 이를 이해할 수 있다.

　이상의 내용을 종합한 채 위 헌향진언을 번역해 보면 우리는 다음과 같은 기원구(祈願句)의 의미를 얻을 수 있게 된다. "아! 향(香)이여, (나로 하여금) 피안에 이르를 수 있게 되기를 …… (윤회의) 원인이 되는 업을 없애 주기를 ……"

　이러한 소망을 마음에 안은 채 우리는 향을 올리는 바, 향이란 산스끄리뜨어 dhūpa 내지 gandha의 번역어로, 그 자체로서 계(戒)를 상징하고 있기도 하다. 이에 그 냄새를 맡거나 향을 몸에 바르면 오근(五根)[12]을 청정케 하여 무량 공덕을 얻게 된다고 한다.

3) 예경문(禮敬文)

　"지극한 마음으로 목숨을 다하여 예를 올립니다." 이렇게 시작한 예경문은 이후 불·법·승 삼보에 대한 구체적 서술과 함께 그에 대한 귀의로 이어지는 바, 이제 그 각각 예경문 문구에

---

[12] 오근(五根) : 안(眼)·이(耳)·비(鼻)·설(舌)·신(身) 등 다섯 감각기관.

나타난 의미에 대해 좀더 상세한 해설을 시도해 보기로 한다. (예경문 본문은 앞에 실어둔 것을 참조할 것이며, 각각의 문구에 ① ② ③ ④ 등 번호를 붙여 두었는 바, 그 번호에 따라 설명을 행하기로 한다.)

(1) 삼계(三界) 및 사생(四生)

예경문 ①에 등장하는 삼계(三界)란, 모든 생명체의 생사윤회의 세계를 욕계(欲界)·색계(色界)·무색계(無色界) 등 셋으로 구분한 것을 말한다. 앞의 도표(도표. 10) 〈구사론에 표현된 불교적 세계관〉에서 볼 수 있듯이 욕계는 6천으로 구성되어 있으며, 색계는 18천, 무색계는 4천으로 구분되어 각각 28천의 세계를 형성한다.

여기서 욕계란 식욕(食慾)과 수면욕(睡眠慾)·음욕(陰慾) 등 욕심이 치성한 세계를 말하며, 색계는 욕계의 음욕·식욕 등 모든 욕심을 여의었으나 물질(色)까지는 여의지 못한 세계를 말한다. 한편 무색계는 욕심뿐만이 아니라 물질적 질애(質礙, 장애)까지를 여읜 오직 정신만의 세계를 말하며, 이 세계에는 색(色)을 제외한 오직 수(受)·상(想)·행(行)·식(識) 등 4온(四蘊)만이 존재하게 된다고 한다.

한편 사생(四生)이라 함은 모든 생명체가 태어나는 4가지 형식을 말하는 것으로, 태생(胎生)·난생(卵生)·습생(濕生)·화생(化生)을 들어 말할 수 있다. 곧 태생이라 함은 포유류와 같이 어머니의 모태로부터 생명을 받는 삶의 양식을 말하며, 난생이란 조류 및 어류와 같이 알에서 부화하여 생명체를 얻어 가지는 것, 그리고 습생이라 함은 이나 곰팡이 등과 같이 습한 곳을 의지하여 생겨나는 삶의 양식을, 그리고 화생이란 연꽃 위에 사람이 태어나는 것처럼 의탁함이 없이 몸을 변화하여 생겨나는 삶의 양식을 의미한다.

이에 예경문에서는 부처님을 "사생(四生)의 자애로운 아버지"라 표현하고 있는데, 이는 부처님을 모든 생명체의 주관자로 파악한 구절이라 할 수 있다.

이외에도 불교는 모든 존재의 삶의 양식을 설명함에 있어 사생(四生)뿐만이 아닌 '구류중생(九類衆生)'을 말하고 있기도 하다. 여기서 '구류중생'이라 함은 욕계의 삶의 양식으로서 위 '사생'을 포함한, 색계의 삶의 양식으로서 '유색(有色)', 무색계의 삶의 양식으로서 '무색(無色)', 식처천(識處天)의 삶의 양식인 '유상(有想)', 무소유처천(無所有處天)의 삶의 양식인 '무상(無想)', 비상비비상처천(非想非非想處天)의 삶의 양식인 '비유상비무상(非有想非無想)'을 포함한 것으로, 이와 같이 우주적 전 생명체의 9가지 삶의 양식을 우리는 구분해 말할 수 있다.

(2) 시방삼세(十方三世) 제망찰해(帝網刹海)

예경문 ②·③·⑦에 표현되어 있는 '시방(十方)'이란 수미산을 중심으로 동·서·남·북 및 동남·동북·서남·서북 등 8방에 상하(上下)를 더한 것으로, 이는 수미산을 중심으로 한 전체 수평 및 수직 공간, 즉 '수미산 중심의 전체 우주'를 표현하는 말이라 할 수 있다. 또한 '삼세(三世)'라 함은 과거·현재·미래, 즉 '우주적 영원성'을 뜻하고 있는 것으로, 여기서는 시간적·공간적 제약에 구애받음 없이 존재하는 불·법·승 삼보의 수승함을 이야기하고 있는 구절이 된다.

그뿐만이 아니다. 시간적·공간적 무한성뿐만이 아닌 현상적 광대함을 드러내는 말이 뒤이어지는데, '제망찰해(帝網刹海)'라는 표현이 그것이다. '제망(帝網)'이란 제석천의 그물망, '인다라망(因陀羅網, Indra-jāla)'을 말한다. 인드라(Indra), 즉 제석천(帝釋天)이 머무는 '도리천 선견궁 하늘을 뒤덮고 있는 그물'로서, 그 그물망 코마다에는 보배 구슬들이 달려 있고 각각의 보배 구슬들은 다른 보배 구슬들의 그림자를 비춰, 하나 하나의 그림자 속에 일체의 그림자가 비춰 반영되어 있다고 한다.

거듭거듭 다함이 없는 그림자들의 비추임. 화엄(華嚴)의 「십현문(十玄門)」에서는 이렇듯 거듭하여 다함이 없는 '인다라망'

의 광대함을 들어 "중중무진(重重無盡)"이란 표현을 쓰고 있는 바, 세상 모든 존재 사물들은 이 인다라망으로부터 생성된다고 한다.

여하튼 이렇듯 시간적·공간적 무한성 속에, 또한 현상적으로 광대함을 보이고 있는 '시방 삼세 제석천의 그물망과 같이 (많은) 땅〔刹〕과 바다〔海〕에 항상 머무시는 불·법·승 삼보'께 드리는 우리의 예경. 이어 예경문은 4대 보살들에 대한 귀의로 연결되어진다.

(3) 4대 보살(四大菩薩)

예경문 ④에서 우리는 4대보살(四大菩薩)의 등장을 엿볼 수 있다. 보살(菩薩)이란 Bodhisattva의 음역 보리살타(菩提薩埵)의 줄인 말로, '깨달은 중생', '깨닫게 하는 중생' 혹은 '깨우칠 중생'의 뜻이 함포되어 있다. 즉 중생은 중생이되 이미 불법의 진리를 알아 중생으로 하여금 깨달음에 나아가도록 이끄는 중생을 우리는 보살이라 부르는 것이다. 그러므로 보살은 위로는 깨달음을 구하고〔上求菩提〕아래로는 중생을 교화하는〔下化衆生〕, 이른바 대승불교의 이상적 인간상을 뜻하고 있기도 하다.

이제 예경문에 등장하는 네 분 보살에 대한 간략한 설명을 행하면 다음과 같다. 우선 문수보살(文殊菩薩)은 산스끄리뜨어 Mañjuśri를 음역해 문수사리(文殊師利)라 불리기도 하는 보살로 묘덕(妙德) 또는 묘길상(妙吉祥)이라 번역되며, 석가모니 부처님의 왼편에 위치한 채 석가모니 부처님의 지덕(智德), 즉 지혜를 상징하고 있다. 그러한 까닭에 우리는 문수보살을 '대지(大智) 문수보살'이라 부른다. 달리 환희장마니보적불(歡喜藏摩尼寶積佛)이라 불리기도 하는 그는 사자좌(獅子座)에 앉아 오른손에 지혜의 칼을 쥐고 있으며 왼손에는 푸른 연꽃을 들고 있는 모습으로 표현된다.

한편 보현보살(普賢菩薩, Samantabhadra)은 석가모니 부처님 오른쪽에 위치한 채 석가모니 부처님의 행덕(行德), 즉 중생을 위한 구원행(救援行)을 상징하고 있다. 이런 까닭에 우리는 보현보살을 '대행(大行) 보현보살'이라 부르게 된다. 흔히 보현보살은 코끼리 혹은 연화대 위에서 손을 합장한 모습으로 그려지며, 혹은 손에 연꽃을 쥔 형상으로서 표현되기도 한다.

또한 관세음보살(觀世音菩薩)은 Avalokiteśvara의 번역어로 관자재(觀自在)보살이라 불리기도 한다. 명칭 그대로 세간[世]의 모든 소리·세간 중생의 모든 괴로움의 소리[音]를 관하는[觀], 즉 중생들의 모든 괴로움을 알고 그를 구제해 주는 보살로 그의 크나큰 자비원력(慈悲願力)으로 인해 '대비(大悲) 관세음보살'로 불려지며, 많은 사람들의 귀의의 대상이 되고 있다. 일반적으로 관세음보살은 대세지보살 혹은 지장보살과 함께 아미타불(阿彌陀佛)을 협시(脇侍)하는 경우가 많으나, 간혹 석가모니 부처님의 협시보살로 등장하는 경우도 있다.

관세음보살은 감로수 병이나 연꽃을 손에 들고 있는 모습으로 표현되는데, 그 연꽃이란 중생들 모두가 가지고 있는 불성(佛性)을 나타내며, 그 불성이란 티끌의 번뇌 속에서조차 물들지 않는 것임을 상징하고 있다. 한편 관세음보살의 머리 위, 보관(寶冠) 중앙에는 반드시 아미타 부처님의 화신, 즉 화불(化佛)이 좌상(坐像) 또는 입상(立像)으로 모셔져 있어 아미타불을 주존불로 모시는 협시보살로서 관세음보살의 성격을 확연히 드러내 주고 있다.

지장보살(地藏菩薩)은 Kṣitigarbha의 번역어로, 석가모니 부처님의 부촉(付囑)을 받아 매일 새벽 항하사(恒河沙)의 선정(禪定)에 들어 중생들의 갖가지 근기를 관찰하고, 과거 석가모니불과 미래 미륵불 사이의 무불(無佛)세계의 육도중생을 교화하고 계시는 분이라 알려져 있다. 즉 지옥·아귀·축생·아수라·인간·천신 등 6도에 윤회하는 중생들을 제도하고, 특히 지옥의 고통에서 허덕이는 중생들을 아미타 부처님의 극락세계로 인도해 주는 분으로 알려져 있기도 하다.

이 지장보살은 스스로 부처가 될 수 있음에도 지옥에서 고통 받는 중생들을 위해 성불을 미루신 채 오직 지옥 문전에 서서 뭇 중생들을 제도하고 계신다고 하는 바, 이에 우리는 지장보살을 '대원(大願) 지장보살' 혹은 '대원본존 지장보살'이라 부르게 되는 것이다. 흔히 지장보살은 머리를 짧게 깎고 있는 모습이거나 두건을 머리에 동여맨 모습으로 그려지며, 가사를 입고 손에는 연꽃이나 보배구슬을, 그리고 긴 지팡이〔錫杖〕를 들고 있는 모습으로 표현된다.

이상 예경문에 등장하는 네 분 보살들에 대한 사항을 간략히 서술했는 바, 이들 보살들에 대한 예경을 통해 우리는 다음 내용을 다짐하게 된다. 즉 이후 깨달음에 이르게 될 우리 역시 이들 보살들의 원력(願力)을 본받아 자각각타(自覺覺他), 즉 스스로 깨닫고 남 역시 깨달음에 이르도록 인도하는 '상구보리 하화중생'의 정신을 본받고자 하는 것이다.

(4) 역대 전등록(歷代傳燈錄)

예경문 ⑤의 구절 중에 '부촉(咐囑)'이란 말이 등장하고 있음을 발견할 수 있다. '부촉'이란 과연 무엇을 의미하는가? 과거 부처님께서는 언제나 설법 후에 제자들에게 그 설법 내용(경전)

이 후대에 널리 유포되기를 청하셨는데, 이를 '부촉한다'라는 말로서 표현하고 있는 것이다. 그렇다면 그렇듯 부처님의 부촉을 받은 그 특정인들은 누구를 말하는가?

이를 설명키 위해 여기에 몇몇 항목을 들어 보이겠는 바, 이를 통해 우리는 부처님의 부촉을 받은 제자들 및 역대(歷代)로 부처님 법의 등불〔燈〕을 후대에 전(傳)하여 왔던 훌륭한 스님들의 간략한 행적〔錄〕을 살펴볼 수 있을 것이다. 이 항목의 제목을 '역대전등록(歷代傳燈錄)'이라 한 것은 이러한 이유이다.

① 10대 제자

부처님 생존시 부처님께서는 법을 후세에 전하기 위해 10인의 제자들을 택하셨으며, 이들은 언제나 부처님을 가까이 모시며 섬겼으므로 부처님 제자 중의 제자라 할 수 있다. 이들 10인의 제자들에 대한 간략한 약전을 실어 보기로 한다.

1 사리불(舍利弗, Sāriputra)

지혜 제일(智慧第一)이라 불리며 부처님 제자 중의 으뜸으로, 인도 왕사성 북쪽 '나라'촌에서 출생하였다. 목건련과 함께 회의론자 산자야 벨라따뿟타라는 외도(外道)를 섬기다가 후에 마승비구(馬勝比丘)의 단정한 위의와 그로부터 연기(緣起)의 진리를 듣게 된 후 목건련과 함께 그들 동료 200명을 이끌고 부처님께 귀의하였다. 부처님께서는 목건련과 함께 승단(僧團)의 제일 윗자리에 앉히셨으며, 『화엄경』·『반야심경』 등 어려운 경전을 말씀하실 때에는 언제나 사리불을 중심으로 이야기하셨다.

한편 『장아함경』 『대본경』 가운데 부처님께서 과거7불(過去七佛)을 예로 들면서 다음과 같이 말씀하신 적이 있었다.

"비바시불(毘婆尸佛)께는 두 제자가 있었다. 1은 건다요 2는 제사로, 모든 제자 중 제일이었다. 시기불(尸棄佛)께도 두 제자가 있었다. 1은 아비부요 2는 삼바바로, 모든 제자 중 제일이었다. 비사부불(毘舍浮佛)께도 두 제자가 있었다. 1은 부유요 2는 울다마로, 모든 제자 중 제일이었다. 구류손불(拘留孫佛)께도 두 제자가 있었다. 1은 살니요 2는 비루로, 모든 제자 중 제일이었다. 구나함모니불(拘那舍牟尼佛)께도 두 제자가 있었다. 1은 서반나요 2는 울다라로, 모든 제자 중 제일이었다. 가섭불(迦葉佛)께도 두 제자가 있었다. 1은 제사요 2는 바라바로, 모든 제자 중 제일이었다. 지금 내게도 두 제자가 있다. 1은 사리불이요 2는 목건련으로, 모든 제자 중 가장 제일이니라."

사리불은 목건련과 함께 부처님보다 먼저 세상을 떠났으며, 『법화경』「수기품」에서 그는 이후 화광여래가 될 것이라는 수기를 받고 있다.

2 목건련(目犍連, Maudgalyāyana)

신통 제일(神通第一)이라 불린다. 인도 왕사성 근처의 '구리가'촌에서 바라문의 아들로 태어나 사리불과 함께 외도 산자야의 제자가 되었으나 후에 부처님께 귀의하게 된다. 불교에 귀의한 후 여러 고장을 찾아 부처님 교화의 법을 전하였다.

『목련경』 등 목건련을 중심으로 설해진 경전이 여럿 있으

며, 『법화경』「수기품」에서 그는 이후 다마라발전단향여래가 될 것이라는 수기를 받고 있다.

③ 마하가섭(摩訶迦葉, Mahākāśyapa)

두타 제일(頭陀第一)이라 불린다. 인도 왕사성에서 바라문의 아들로 태어나 일찍이 결혼하였으나, 세속적 욕망의 무상함을 깨달아 부부가 함께 출가 수행자가 되었다.

부처님께 귀의한 지 8일만에 바른 지혜의 경지, 즉 아라한(阿羅漢)의 과위(果位)를 증득한 그는 항상 의식주에 대한 집착을 버리고 심신을 수련하는 '두타행(頭陀行)'을 행하였으며, 불교 교단의 으뜸가는 제자로 존경받아 부처님께서 입멸하신 후 불교 교단을 이끌게 되었다. 부처님 입멸 후 500명의 동료들을 모아 부처님께서 설하신 경(經)·율(律)을 결집하였으며, 선가(禪家)에서는 부처님 심법(心法)을 전한 제1대 조사(祖師)로서 받들고 있다.

『증일아함경』「막외품」에 의하면 부처님께서 열반에 드실 즈음, "나는 내 법을 가섭과 아난다 비구에게 부촉한다. 나는 이제 늙어 나이 80이 되었다 ……"고 하셨으며, 또한 "가섭 비구는 이 세상에 살다가 미륵불께서 세상에 나온 뒤라야 열반에 들 것이다"고 하시기도 하였다. 현재 마하가섭은 왕사성 옆 계족산(鷄足山) 가운데 반열반(般涅槃)에 들어 계시는데, 이후 미륵불이 출현하시면 그에게 석가모니 부처님의 가사·발우 등을 전하고서 영원한 적멸에 들 것이라 한다. 이후 광명여래가 될 것이라는 수기(授記)를 받았다.

4 아니루타(阿尼樓馱, Aniruddha)

부처님의 부친인 정반왕의 동생 감로반왕의 아들로, 부처님의 사촌동생이다. 부처님께서 깨달음을 얻은 후 고향을 방문했을 때 난타·아난다·데바 등과 함께 출가하였으며, 오랜 수행으로 인하여 하늘까지 관찰할 수 있는 하늘 눈[天眼]을 얻

었기에 천안 제일(天眼第一)이라 불리운다.

『중일아함경』「역품」의 설명에 의할 것 같으면, 그는 한때 부처님께서 법을 설하고 있을 때 깜빡 졸아 부처님으로부터 꾸지람을 들었던 적이 있었다. 꾸지람을 들은 후 스스로 잠을 자지 않겠다고 다짐한 그는 이내 잠을 자지 않음으로 인해 심한 눈병에 걸리게 되었다. 다음은 부처님께서 아니루타를 방문하여 나눈 대화이다.

"잠을 자라. 일체 중생은 먹음으로써 살고, 먹지 않으면 살지 못한다. 눈은 잠으로 먹이를 삼고, 귀는 소리로 먹이를 삼으며, 코는 냄새로 먹이를 삼고, 혀는 맛으로 먹이를 삼으며, 몸은 감촉으로 먹이를 삼고, 뜻은 법으로 먹이를 삼는다. 그리고 나는 지금 열반으로 먹이를 삼느니라."
"열반은 무엇으로 먹이를 삼습니까?"
"열반은 방일(放逸)하지 않음으로 먹이를 삼는다. 그러므로 방일하지 않음을 타고 열반에 이르느니라."
"세존께서는 비록 눈은 잠으로 먹이를 삼는다 말씀하시지만 저는 차마 잘 수 없습니다."

이후 아니루타는 낡은 옷을 깁다가 그만 육안(肉眼)이 허물어지고 하늘 눈[天眼]을 얻게 되었다고 경전은 전하고 있다.

『법화경』「수학무학인기품」에서 이후 보명여래가 될 것이라는 수기를 받는다.

5 수보리(須菩提, Subhūti)

우주의 평등한 진리, 공(空) 한 이치를 깊이 체득하였기에 해공 제일(解空第一)이라 불린다. 『금강경』은 부처님과 수보리와의 대화를 기록한 것이다.

한편 현장 스님은 『대당서역기』 가운데 다음과 같은 기록을 전하고 있다.

"여래가 천궁(天宮)에서 남섬부주로 돌아가려 했을 때, 수보리(須菩提)는 석실에서 연좌(宴坐: 좌선)하고 있었는데, 스스로 '이제 부처님께서 돌아 내려오심에 있어 인천(人天)이 함께 온다. 그렇다면 나같은 자는 이제 어디로 가는 것이 좋겠는가?' 하고 생각했다.

그는 일찍이 부처님 가르침을 듣고 제법(諸法)은 공(空)이라는 것을 이해하고 제법(諸法)의 성(性: 실상)을 체득하고 있었기 때문에 지혜의 눈으로 부처님 법신(法身)을 관찰했다.

그때 연화색 비구니는 최초로 부처님을 뵈려고 전륜왕의 차림을 하고 칠보(七寶)와 함께 사병(四兵)이 호위한 가운데 세존 앞에 갔다가 이내 비구니의 모습으로 되돌아갔다. 그때 여래께서는 '그대가 나를 최초로 본 것이 아니다. 수보리는 제법의 공(空)함을 보고 내 법신(法身)을 최초로 보았다'고 했다."

이는 진리의 참모습은 드러난 가운데 존재하는 것이 아닌, 참다운 공성(空性)을 파악할 수 있을 때 비로소 드러나게 된다는 사실을 알려주는 말로, 이렇듯 진리의 참모습을 수보리는 깨닫고 있었다 함을 현장(玄奘)은 강조해 말하고 있는 것이다. 『법화경』「수기품」에 의하면 그는 이후 세상에 명상여래가 되리라는 수기를 받고 있다.

⑥ 부루나(富樓那, Pūrṇa)

부처님 성도 후 최초 제자가 된 5비구 가운데 하나이다. 그의 아버지는 정반왕의 국사(國師)로서, 부루나에게 시(詩)를 노래하듯 가르쳤다고 한다.

사리불과 부루나의 다음과 같은 대화가 『중아함경』 『칠거경(七車經)』에 기록되어 있다. 즉 사리불 존자가 부루나에게 석존께서 무여열반(無餘涅槃)을 설시(設示)하시는 이유가 무엇인지 일곱 가지로 묻자, 파사익왕이 일곱 수레를 벌여 놓고 그것을 차례로 갈아타고 목적지에 도달하는 비유를 통해, 석존께서 설하시는 그 일곱 가지는 무여열반을 얻는 데 필요한 방편일 뿐 무여열반 자체는 아니요, 무여열반을 얻기 위해서는 필히 구족해야 할 방편들이라고 대답하였다. 예를 들어 파사익왕이 어떤 목적지로 향할 때 도중

에 일곱 마차를 갈아탔을 경우, 마지막 일곱 번째 마차만에 의해 목적지에 도착했다고는 할 수 없다. 나머지 여섯 마차의 힘을 빌렸기 때문에 목적지에 도착할 수 있었듯, 계·정·혜 삼학 전체에 의거해 수행해야 할 것을 설명하고 있는 것이다.

이렇듯 부루나는 온갖 비유를 통해 부처님 법의 요점을 효율적으로 설명했기에, 그의 논의·교화의 뛰어남을 견주어 그를 부처님 제자 중 설법 제일(說法第一)이라 말하고 있다. 『법화경』「500제자 수기품」에서 이후 법명여래가 될 것이라는 수기를 받고 있다.

7 가전연(迦旃延, Kātyāyana)

남인도 사람으로, 부처님 제자 중 논의(論議)를 함에 있어 타의 추종을 불허하는 재주를 가졌기에 논의 제일(論議第一)이라 불린다. 『법화경』「수기품」에 의하면 이후 염부제의 금광여래가 될 것이라는 수기를 받고 있다.

8 우바리(優婆離, Upāli)

인도의 사성계급 중 가장 천한 계급인 수드라 출신으로 출가한 그는 원래는 석가족 궁중의 이발사였다고 한다. 석가족 왕자들이 출가할 때 같이 출가하여 부처님 제자가 되었으며, 부처님 제자 중 계율을 가장 훌륭히 지켰던 까닭에 지계 제일(持戒第一)이라 불린다.

부처님께서 열반에 드신 후 마하가섭의 주재하에 경전을 결집할 당시 율장(律藏)을 확정짓는 데 중요 역할을 했다고 전한다.

⑨ 라후라(羅睺羅, Rāhula)

부처님 아들로서, 부처님께서 출가하시던 날 밤에 태어났다고 전한다. 라후라는 15세에 출가, 사리불을 스승으로 최초의 사미계(沙彌戒)를 받았다. 그의 이름을 라후라(羅侯羅, Rāhula)라 한 것은 그가 태어날 때 라후라 아수라(Rāhula asura: 日食을 의미)가 달을 가렸기 때문이라 하며, 이후 출가한 그는 남이 보지 않는 곳에서 언제나 선행(善行) 및 수행에 철저했기에 밀행 제일(密行第一)이라 불리웠다. 『법화경』「수학무학인기품」에서 이후 도칠보화여래(蹈七寶華如來)가 되리라는 수기를 받았다.

10 아난다(阿難陀, Ānanda)

부처님 사촌동생이며 데바닷다의 친동생으로 8세에 출가, 부처님 제자가 되었다. 잘생긴 얼굴 탓에 여러 차례 여자들로부터 유혹이 있었음을 경전은 전하고 있는데, 부처님 입멸 후 수행에 전력한 끝에 깨달음의 경지인 '아라한과'를 증득하게 되었다.

언제나 부처님을 따라다닌 까닭에 부처님 설법의 내용을

가장 많이 들어 다문 제일(多聞第一)이라 불리웠으며, 부처님 입멸 후 마하가섭에 의해 경전이 결집되던 당시 부처님께서 설하신 법의 내용을 그대로 외워 경장(經藏)을 결집하는 데 중요한 역할을 담당하였다. 『법화경』「수학무학인기품」에서 이후 산해혜자재통왕불이 되리라는 수기를 받는다.

이상 10대 제자에 대한 예경에 이어 예경문은 '16명의 아라한[十六聖]' 내지 '500명의 아라한[五百聖]', 그리고 홀로 도를 닦아 아라한의 경지에 오른 '독수성(獨修聖)'에 대한 예경을 행하고 있으며, 마침내는 부처님 재세시 언제나 부처님을 따라다녔던 '1,250명의 대아라한'들에 대한 예경을 행하고도 있다. 그렇다면 여기서 말하고 있는 아라한이란 무엇인가?

아라한(阿羅漢)은 산스끄리뜨어 arhan의 음역으로, 응공(應供)·응(應)·살적(殺賊)·불생(不生)·무생(無生)·응진(應眞)·진인(眞人) 등으로 번역된다. 소승불교(小乘佛敎)에서 최고의 깨달음의 경지에 이른 성자를 지칭하는 말로, 부처님 역시 아라한 중 한 분으로 섬기는 경우가 있었다.

이들 아라한을 칭하는 번역어로서 '응' 또는 '응공'이란 그들의 높은 수행 정도로 인해 중생들의 공양[供]에 마땅히 응할[應] 수 있는 이들임을 뜻한다. 또한 '살적'이란 모든 번뇌의 적(賊)을 죽여 없앤다[殺]는 뜻으로, 그러한 그들은 열반의 세계에 들어 또다시 태어남을 겪지 않으리니, 그러한 까닭에 '불생'이며 '무생'이란 용어로 아라한을 달리 칭하기도 하였던 것이다. 그러한 아라한들은 우주 세계의 모든 진리[眞]를 터득한 이들[人]로서, 그들을 '진인' 또는 '응진'이라 부르기도 하며, 절에 있는 많은 전각 중 '응진전(應眞殿)'이란 이들 아라한들을 모셔 두는 건물을 의미한다.

② 16명의 아라한

이상의 내용을 전제로 '16명의 아라한' 내지 '500명의 아라한', '1,250명의 대아라한'에 대해 구체적으로 설명하기로 하겠는데, 경전 『대아라한난제밀다라소설법주기(大阿羅漢難提蜜多羅所說法住記)』(일명 『법주기』)에 서술된 바를 요약해 보면 다음과 같다.

즉 부처님께서는 열반에 이를 즈음 16명의 아라한과 아울러 그들 권속들에게 무상법(無上法)의 진리를 부촉하셨는데, 그들 아라한들은 불법의 멸함을 막고 호지(護持)한 채 이후 미륵불께서 세상에 출현하실 때까지 모든 중생들의 복전(福田)이 될 것이라는 것이다.

그와 더불어 『법주기(法住記)』는 아라한들의 명칭 및 그들이 거주하는 곳 등을 자세히 설명하고 있는데, 다른 자료들을 참고하여 그들 '16명의 아라한'들에 대한 간단한 설명을 행하면 다음과 같다.

1 빈두로파라타(賓頭盧頗羅墮, Piṇḍolabharadyāja)

흰머리에 길다란 눈썹의 형상을 한 부처님 제자로, 빈두로는 그의 이름, 파라타는 그의 성(姓)이다. 발차국(跋蹉國)의 구사미성에서 태어나 어린 나이에 부처님께 출가한 그는 부처님 성도

후 6년, 왕사성의 외도들 앞에서 신통을 나타냈다가 부처님의 책망과 꾸지람을 듣고, '서우화주(西牛貨洲)'에 머물며 이후 미륵불 출현시까지 세상에 남아 말세 중생을 제도할 것을 명 받았다. 그의 권속 1,000명의 아라한과 더불어 서우화주에 머물며 불멸 후의 중생을 제도하며, 말세에 공양을 받아 중생들의 대복전이 될 것이라는 뜻에서 '주세(住世) 아라한'이라 불리기도 한다. 우리나라에서는 독성(獨聖) 또는 나반존자(那畔尊者)라 불리기도 하며 공경의 대상이 되고 있다.

빈두로파라타

가낙가벌차

② 가낙가벌차(迦諾迦伐蹉, Kanakavatsa)

그의 권속 500명의 아라한과 더불어 '북방 가습미라국(北方 迦濕彌羅國)'에 머물며 불법을 보호·확산하고 계신 분으로, 원쪽 어깨에 지팡이를 두고 양손은 결인(結印)을 짓고 있는 모습으로 그려진다.

3 가낙가발리타사(迦諾迦跋釐墮闍, Kanakabharadvāja)

그의 권속 600명의 아라한과 더불어 '동승신주(東勝身洲)'에 머물며 불법을 수호하고 중생을 이롭게 하는 성자로서, 오른손에 불자(拂子)를 든 모습으로 그려진다.

가낙가발리타사

소빈타

4 소빈타(蘇頻陀, Subinda)

그의 권속 700명의 아라한과 더불어 '북구로주(北俱盧洲)'에 머물며 정법을 수호하고 있는 성자로, 돌 위에 결가부좌를 한 모습으로 그려진다. 돈황의 천불동 계곡 76굴 벽화에 그의 형상이 남아 있다.

5 낙거라(諾矩羅, Nakula)

그의 권속 800명의 아라한과 더불어 '남섬부주(南贍部洲)'에 머물며, 정법을 수호하고 중생을 이롭게 하고 있는 성자로, 돌을 의자삼아 앉아 있고, 양손으로는 여의(如意)13)를 쥐고 있는 모습으로 그려진다. 돈황 천불동 76굴에 그의 형상이 남아 전한다.

낙거라

발타라

---

13) 여의(如意) : 뼈나 뿔, 대나무·나무 등으로 사람 손모양을 만들어 가려운 곳을 긁는 도구로, 후대에 이르러 법사가 설법할 때 지니는 법구로 용도가 전환되었다.

6 발타라(跋陀羅, Bhadra)

그의 권속 900명의 아라한과 더불어 '탐몰라주(耽沒羅洲)'에 머물며 정법을 수호하는 한편 중생을 이롭게 하는 성자로, 바위 위에 가부좌하고 앉아 있는 채 왼손에 염주를 들고 있는 모습으로 그려진다. 역시 돈황 천불동 76굴에 그의 형상이 남아 전한다.

7 가리가(迦哩迦, Kālika)

그의 권속 1,000명의 아라한과 함께 '승가다주(僧伽茶洲)'에 머물며 정법수호 및 중생을 이롭게 하는 성자로, 바위 위에 안좌하고 긴 눈썹을 한 인상적인 모습으로 그려진다.

8 벌사라불다라(伐闍羅弗多羅, Vajraputra)

그의 권속 1,100명의 아라한과 함께 '발자나주(鉢剌拏洲)'에 머물며 정법수호 및 중생을 이롭게 하는 성자로, 『중아함경』에 의하면 부처님께서 이미 열반하시고 난 후 아직 깨달음에 이르지 못한 부처님 제자 아난다를 위해 가르침을 베풀었으며, 아난다는 그의 가르침에 힘입어 욕심을 여의고 아라한과를 증득할 수 있었다고 한다. 상반신의 법의를 벗고 바위에 앉아 있으며, 그 왼쪽 옆에는 패엽경(貝葉經)이 함께 그려진다.

가리가

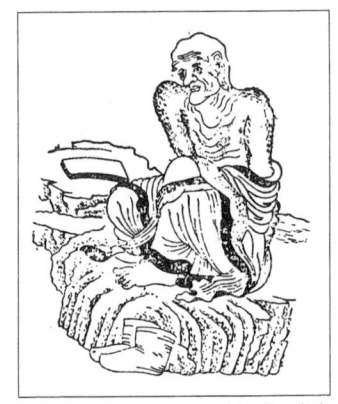
벌사라불다라

⑨ 술박가(戍搏迦, Jīvaka)

그의 권속 900명의 아라한과 함께 '향취산(香醉山)' 가운데 머물며 정법수호 및 중생들의 복덕 증장을 위해 노력하고 있는 성자로, 바위 위에 앉아 왼손에는 불선(拂扇; 부채)을, 오른손은 세 손가락을 구부린 모습으로 묘사된다.

⑩ 반탁가(半託迦, Panthaka)

그의 권속 1,300명의 아라한과 더불어 '33천' 가운데 머물며 정법수호 및 중생들의 복덕 증장을 위해 노력하고 있는 성자로, 대로변생(大路邊生)이라 번역되는 그의 이름은 큰 길가에서 태어났다는 이유로 붙여진 것이다. 작은 길가에서 태어났다 하여 이름 불리워진 소로변생(小路邊生), 즉 아둔함 가운데서도 열심히 수행하여 성인의 경지에 오른 주다반탁가의 형으로, 중인도 사위성에서 바라문의 아들로 태어나 바라문으로서 갖추어야 할 모든 학문을 배우고 크나큰 지혜를 얻어 500명에 달하는 제자들이 그를 찾아 가르침을 받았다고도 한다. 이후 석가모니 부처님의 설법을 듣고 동생 주다반탁가와 함께 출가하여 부처님 제자가 되었으며, 『증일아함경』의 설명에 의하면 신통력이 자재하여 능히 자신의 몸을 숨길 수 있었다고 한다.

그는 바위 위에 좌구(坐具)를 깔고 결가부좌를 한 채, 양손에는 경전을 들고 그것을 독경하는 모습으로 표현된다.

술박가

반탁가

⑪ 라호라(羅怙羅, Rāhula)

그의 권속 1,100명의 아라한과 더불어 '필리양구주(畢利颺瞿洲)'에 머물며 정법수호 및 중생들의 복덕 증장에 힘쓰고 있는 성자로, 10대제자 중 밀행제일인 라후라(羅睺羅)와 동일 인물로 여겨진다.

라호라

나가서나

⑫ 나가서나(那伽犀那, Nāgasena)

그의 권속 1,200명의 아라한과 더불어 '반도피산(半度波山)'에 머물며 정법수호 및 중생들의 복전이 되고 있는 성자로, 통견(通肩) 법의를 입고 바위에 걸터앉아, 입을 벌리고 혀를 약간 내밀은 모습으로 그려진다.

⒔ 인게타(因揭陀, Aṅgaja)

그의 권속 1,300명의 아라한과 더불어 '광협산(廣脇山)'에 머물며 정법수호 및 중생들의 복전이 되고 있는 성자로, 왼손에는 경전을 얹고 오른손으로는 구슬을 받들며, 그 어깨에는 지팡이를 기댄 채 앉아 있는 모습으로 그려진다.

⒕ 벌나바사(伐那婆斯, Vanavās)

그의 권속 1,400명의 아라한과 더불어 '가주산(可住山)'에 머물며 정법수호 및 중생들의 복전이 되고 있는 성자로, 암굴 내에 결가부좌를 하고 앉아 법복으로는 양어깨를 가리고 눈을 감고 선정(禪定)에 들어 있는 모습으로 그려진다.

인게타

벌나바사

15 아씨다(阿氏多, Ajita)

영구히 이 세계에 머물며 중생들을 제도하라는 부처님 칙명을 받고, 그의 권속 1,500명의 아라한과 더불어 '취봉산(鷲峯山)'에 주처(住處)를 정하고 정법수호 및 중생들의 복전이 되고 있는 성자로, 양손으로는 무릎을 포개 안고 입을 연 채 눈은 하늘을 우러러 치아가 드러난 형상으로 그려진다.

아씨다

주다반탁가

16 주다반탁가(注茶半托迦, Cūḍapanthaka)

그의 권속 1,600명의 아라한과 더불어 '지축산(持軸山)'에 머물며 정법수호 및 중생들의 복전이 되고 있는 성자로, 소로변생(小路邊生)이라 번역되는 그의 이름은 작은 길가에서 태어났다는 이유로 붙여진 것이다. 주리반특(周利槃特)이라 불리기도 한다. 16아라한 중 10번째에 해당하는 반탁가(半託迦)의 동생으로, 품성이 우둔하여 하나를 배우면 금방 잊어버리는 까닭에 사람들은 그를 놀려댔으나, 부처님께서 일러준 '불진제구(拂塵除垢)'라는 말을 한없이 암송하며 모든 비구들의 신발을 깨끗이 닦는 수행을 하던 중 모든 업장이 소멸하고 활연개오하여 아라한의 과위를 증득하였다. 깨달음이 있은 후 신통력을 구족하여 능히 각종 형상의 이치를 바라볼 수 있었다고 한다. 고목 가운데 앉아 왼손을 드러내 무언가를 가리키는 형상으로 묘사된다.

③ 500명의 아라한 및 1,250명의 대아라한

위에 설명한 '16명의 아라한'에 이어 예경문은 '500명의 아라한' 및 '1,250명의 대아라한'에 대해 기록하고 있는데, 그들은 과연 어떤 인물들을 일컫는 것일까?

우선 '500명의 아라한'에 대해 말해 보면, 그에는 몇 가지 설이 있음을 알 수 있다. 먼저 『법화경』 「500제자 수기품」에 기록된 500명의 제자들, 이후 세상에 깨달음을 얻어 부처가 될 것이라고 석가모니 부처님으로부터 수기를 받은 500명의 제자를 '500명의 아라한'이라 칭한다는 것이다.

한편 부처님께서 열반에 드신 그 해에 부처님 상수제자 마하가섭은 왕사성 칠엽굴에서 깨달음에 이른 500명의 아라한들을 소집하여 부처님께서 남기신 교설들을 모아 최초 경전 결집을 행하였는데, 당시 그곳 왕사성 칠엽굴에 모여 경전 결집에 참여한 이들을 '500명의 아라한'이라 말하기도 한다.

또한 부처님께서 열반에 드신 지 600년이 지난 후, 인도의 카니시카(Kaniṣka, 迦膩色迦) 왕은 협 존자(脇尊者) 및 세우 존자(世友尊者) 등을 중심으로 500명의 비구들을 불러모아 '제4차 경전 결집'을 행하여 경·율·론 삼장(三藏)을 재해석한 『대비바사론(大毘婆沙論)』 200권을 집성했는데, 이때의 경전 결집에 참여한 500명의 스님들을 '500명의 아라한'이라 말하기도 하는 것이다.

그리고 『잡아함경(雜阿含經)』 및 계율과 관련된 내용을 전하고 있는 『사리불문경(舍利弗問經)』에 의할 것 같으면, 인도 아쇼카 왕의 4대손 불사밀다라(弗沙蜜多羅, Puṣyamitra) 왕은 아쇼카 왕이 쌓은 모든 탑을 허물고 비구들을 죽여 당시의 불교를 소멸시킨 후 '500명의 아라한'들을 불러모아 다시금 불법을 중흥시켰다고도 한다. 이 모든 항목 가운데 등장하는 '500명의 아라한'들, 그리고 그들에 대한 예경.

이후 예경문은 '1,250명의 대아라한'에 대해 언급하고 있기도 하다. 그렇다면 이들 '1,250명의 대아라한'이란 또한 어떤 인물들을 칭하는 것일까? 이를 구체적으로 설명하기 위해 『과거현

재인과경(過去現在因果經)』의 내용을 인용해 보기로 한다.

"야사(耶舍)장자 아들의 친구 50인과, 우루빈라 가섭(優樓頻螺迦葉)과 그의 제자 500인, 나제 가섭(那提迦葉)과 그의 제자 250인, 가야 가섭(伽耶迦葉)과 그의 제자 250인, 사리불(舍利弗)과 그의 동료 100인, 목건련(目犍連)과 그의 동료 100인을 합한 것을 말한다. 이 1,250인은 먼저 외도를 섬겼으나 뒤에 부처님의 교화를 받아 증과(證果)를 얻었다. 이들은 부처님의 은혜를 느껴 법회 때마다 항상 따라다니며 떠나지 않았으므로, 모든 경(經)의 첫머리에 대중을 열거하는데 흔히 1,250인이 나온다."

이상의 인용을 통해 우리는 '1,250명의 대아라한'에 대한 상세한 설명을 얻을 수 있었는데, 『법화경』의 설명에 의할 것 같으면 이들 '1,250명의 대아라한'들 역시 부처님으로부터 수기를 얻은 것으로 기록되어 있기도 하다.

한편 예경문 가운데 독수성(獨修聖)이란 표현이 등장하고 있는데, 독수성이란 무엇을 말하는가? 독수성은 달리 독각(獨覺) 또는 연각(緣覺)이라 불리기도 하며, 산스끄리뜨어 pratyeka-buddha의 음역으로서 발랄예가불타(鉢剌翳迦佛陀)라 표현되기도 한다. '홀로 도를 닦아 아라한의 경지에 오른 성인', 즉 타인의 가르침에 의하지 않고 자신 스스로의 힘으로 깨달음을 이룬 까닭에 벽지불(辟支佛) 또는 독각이라 불리우며, 12인연의 이치를 깨달아 모든 번뇌에서 벗어났다 하여 연각이라 칭하기도 한다.

이들은 부처님이 없는 무불세계(無佛世界)에 태어나 스스로 체득한 진리의 통찰 속에 깨달음에 이르른 성자로서, 부처님 가르침을 받아 깨달음에 이르렀으나 자기 혼자만의 해탈을 구하는 소승의 성자 성문(聲聞, śrāvaka)과 함께 '깨달음의 고요' 속에 머물러 진리에 대한 관상(觀賞)을 낙으로 삼고 있는 자들을 말한다.

이들의 이러한 입장을 소승(小乘)이라 말하는 데 비해 대승(大乘)불교는 '깨달음의 고요' 속에만 머물지 말고 깨달음의 진리를 뭇 중생들에게 회향(廻向)할 것을 권하고 있다. 그리고 궁극적으로는 성문·연각의 '2승'도 아닌, 성문·연각·보살의 '3승'도 아닌 '일불승(一佛乘)'의 진리를 깨우쳐 '열려진 진리의 바다'에로 모든 중생들이 다함께 나아갈 수 있기를 대승불교 경전의 핵심 『법화경』은 강조하고 있기도 하다.

여하튼 이렇듯 소승의 성자들에게까지 미치게 되는 우리의 예경. 이어 예경문은 인도와 중국을 통해 우리나라까지 불법을 전하여 온 수많은 스님들에 대한 예경에로 이어지고 있다.

④ 선종 33조사 및 한국의 역대 선승들

이 항목의 제목을 위와 같이 명명한 것에는 이유가 있다. 그 이유를 설명키 위해 우리는 전체 예경문의 구성에 유념해 볼 필요가 있는데, 이는 현행 한국불교 예경문 성립 과정상의 문제와도 결부가 되고 있다.

앞서도 말했듯이 현재 사용되고 있는 '칠정례(七頂禮)', 즉 '한국불교 예경문'이 만들어진 것은 1955년 월운 스님 등에 의해서였다. 이는 기존 '향수해례(香水海禮)'와 '오분향례(五分香禮)', '칠처구회례(七處九會禮)' 등 화엄종과 선종 사찰에서 사용되던 예경문 및 '사성례(四聖禮)'와 같이 정토종 사찰에서 사용되던 예경문, 그밖의 여타 종파에서 사용되던 예경문을 종합한 '범종파적 예경문'에 해당되는 것으로, 우리는 그 안에서 각 종파적 예경문의 흔적을 발견할 수 있게 된다. 이에 간략히 예를 들면 다음 등을 말할 수 있다.

즉 앞의 항목에서 설명했듯, 『법화경』의 설법지인 '영산(靈山: 靈鷲山) 회상(會上)에서 부처님께 부촉받은 10대제자 및 16성인, 500명의 성인들, 1,250명의 성인들'에 대한 예경은 『법화경』을 소의경전(所依經典)으로 삼는 천태종 내지 법화종 사찰의 예경문에서 유입된 것으로 생각할 수 있으며, 다음 구절에 등장하는 '인도와 중국, 우리나라에 역대로 (법의) 등불을 전한

대조사와 종사'에 대한 예경은 선종 사찰의 예경문에서 유입된 것으로 생각할 수 있게 된다는 것이다.

이러한 점을 근거로 필자는 이 항목의 제목을 〈선종 33조사 및 한국의 역대 선승들〉이라 한정시켰으며, 이 제목에 따른 각각의 상세한 설명을 행해 보기로 한다.

이 항목을 기술함에 있어 필자는 『조당집(祖堂集)』의 내용을 주로 참조하였다. 『조당집』이란 '과거 7불(過去七佛)'로부터 '마하 가섭 존자를 거쳐 혜능 대사에 이르는 33조사' 등 인도와 중국을 망라한 수많은 조사들의 간략한 전기를 실어둔 책으로, 전체 약 250여 명의 인물들을 약술하는 가운데 도의(道義) · 홍직(洪直) · 혜철(惠徹) · 무염(無染) · 현욱(玄昱) · 도윤(道允) · 범일(梵日) · 순지(順之) 등과 같은 우리나라 스님들에 대해서도 기록을 남기고 있다.

이에 『조당집』을 근거하여 그 순서에 따른 33조사[卅三祖師]의 간략한 약전(略傳)을 소개하면 다음과 같다.

① 대가섭 존자(大迦葉尊者; 摩訶迦葉, Mahākāśyapa)
　인도의 마갈타국 왕사성에서 태어났으며, 그의 아버지 이름은 음택(飮澤)이요, 어머니는 향지(香志)라 불리웠다. 과거 세상

에 많은 사람들이 비바시불(毘婆尸佛, Vipaśyin; 과거 제1불)을 위해 탑을 세우고자 할 때 탑 가운데 불상의 얼굴 부분이 훼손되어 있음을 본 가난한 여인이 금을 구해 부처님 얼굴 부분에 바르며 발원하기를, "원컨대 우리 둘이 내생에 부부가 되어지이다"라 하였다.

이러한 인연 공덕으로 91겁이 지난 후 부유한 바라문 집안의 아들로 태어난 대가섭 존자(마하 가섭)는 이후 금빛 얼굴을 한 아내를 얻어 부부가 되었으나, 세상에 대한 애착이 없어 부부가 함께 출가하여 수행자가 되었다. 부처님께 귀의한 지 8일만에 바른 지혜의 경지, 즉 아라한(阿羅漢)의 지위를 증득한 그는 '다자탑전 분반좌(多子塔前分半座)'[14]며, '염화어 영산회상(拈華於

---

14) 다자탑전 분반좌(多子塔前分半座) : 다자탑 앞에서 부처님께서 자기 자

靈山會上)'15) 등의 사건을 통해 부처님 '마음의 법[心法]'을 이어받아 부처님 입멸 후 불교 교단을 이끌게 되었다.

부처님 입멸 후 45년 동안 세상에 머물며 중생들을 제도하시던 중, 가섭 존자께서 하루는 아난다(阿難陀, Ānanda)를 불러 이렇게 말씀하셨다. "여래께서 정법안장(正法眼藏)을 나에게 맡기셨는데 나 이제 나이가 늙었으니, 부처님의 승가리(僧伽梨: 가사)를 가지고 계족산(鷄足山)에 들어가 자씨(慈氏; 미륵보살)께서 태어나기를 기다리겠다. 그대는 부처님 분부를 잘 받들어 바른 법을 퍼뜨려 끊이지 않게 하라."

이 말씀을 마친 후 가섭 존자께서는 아난다에게 다음의 '법을 전하는 게송[傳法偈]'을 전해 주었다.

법(法)이라 하는 그 법은 본래의 법이니(法法本來法)
법도 없고 법 아닌 것도 없느니라(無法無非法)
어찌 한 법 가운데(何於一法中)
법과 법 아닌 것 있을 수 있으랴(有法有不法)

리의 반을 내주어 가섭으로 하여금 앉게 하신 일.
15) 염화어 영산회상(拈華於靈山會上) : 영축산 산정에서 부처님께서 대중들에게 꽃을 들어 보이시자 마하가섭만이 부처님의 의중을 알고서 빙그레 미소를 지었다는 일.

2 아난 존자(阿難尊者; 阿難陀, Ānanda)

부처님 법을 이은 '전법(傳法) 제1조' 대가섭 존자의 법을 이어, '전법 제2조'가 된 아난 존자는 부처님의 사촌 동생이며 백반왕(白飯王)의 아들로서, 전생에는 금룡존불(金龍尊佛)로 불리던 부처님이셨다. 석가모니 부처님 입멸 후 깨달음을 얻어 이후 6만여 명에 이르는 무리를 교화하였으며, 드높은 부처님 진리의 빛으로 세상을 널리 비추었던 부처님 제자 중 앎이 가장 많은 인물이었다.

아난 존자께서는 이후 열반에 이르를 즈음 긍가하(殑伽河; Gaṅgā, 갠지스강)에 이르렀다. 그때 공중에서 500명의 아라한이 땅으로 내려 왔는데, 그 중에는 상나화수 및 말전지가(末田底迦: 末田地, Madhyāntika)가 있었다. 그들이 법을 이을 만한 인물임을 알아차린 아난 존자께서는 우선 상나화수에게 이르기를, "여래의 정법안장을 내가 전해 받았고, 내가 이제 그대에게 전하노니 그대는 나의 가르침을 널리 펴서 끊이지 않게 하라" 하셨다. 그리고 말전지가에게는 "부처님께서 그대에게 예언하신 바가 있으니, '내가 멸도한 지 120년에 계빈국(罽賓國)에 말전지가라는 비구가 있어 불법을 크게 떨치리라' 하셨느니라" 하였다.

이후 아난 존자께서는 아래의 게송을 남기신 채 허공에 몸을 솟구쳐 몸을 네 조각 내니 그 한 몫은 도리천에 바치고, 또 한 몫은 사갈라 용왕에게, 또 한 몫은 비사리 왕에게, 한 몫은 아사세 왕에게 바쳤으니, 모두가 탑을 세워 공양하였다고 한다.

본래 있음의 법〔有法〕을 전하고자 하나(本來付有法)
전함에 있어〔付了〕 없음의 법〔無法〕이라 하리라(付了言無法)
모름지기 제각각 깨달음이니(各各須自悟)
깨달음〔悟了〕엔 없음의 법 또한 없기에(悟了無無法)

3 상나화수 존자(商那和修尊者, Sāṇakavāsa)
아버지 이름은 임승(林勝)이며 어머니 이름은 교사야(嬌奢耶)로, 마돌라(摩突羅)라 불리는 나라에서 태어났다고 한다. 어머니의 태 속에 6년을 머물다 태어나자마자 이내 출가하니, 몸에 걸쳤던 옷이 저절로 스님들이 걸치는 9조가사(九條袈裟)가 되었다고 한다.

아난 존자의 법을 이어 '전법 제3조'가 되었으며, 수많은 중생들을 제도하던 즈음 부처님께서 예언하신 바, "내가 멸도한 뒤 200년에 성인이 나서 나의 법을 이으리라"는 말이 생각나 삼매에 들어 관찰하니, 타리국(吒利國)에 선의(善意)라는 사람의 아들 중 막내가 출가하여 자기의 법을 이을 만하다고 생각되었다. 선의의 막내아들인 우바국다가 17세가 되자 존자는 그 아버지에게 가서 말했다.

"부처님께서 예언하시기를, '이 아이는 내가 멸도한 뒤 200년에 제4조가 되어 무수한 무리를 제도하리라' 하였소."

그 아버지는 이 말을 듣자 곧 존자의 말을 받아들여 아들의 출가를 허락하였으며, 그의 아들 우바국다(優婆鞠多)는 존자의 곁에 3, 4년 동안 있다가 출가하여 구족계(具足戒)를 받고 바로 성인의 과위를 증득하였다. 이에 상나화수 존자는 우바국다에게 말하기를,

"여래께서 큰 법안(法眼)을 가섭에게 전하셨고, 그렇게 차츰차츰 전하여 나에게 이르렀는데 이제 나는 그대에게 전하노니, 그대는 나의 게송을 받으라" 하시며 다음 게송을 전하셨다.

법도 아니요, 마음도 아니며(非法亦非心)
마음도 없고 법도 없도다(無心亦無法)
이 마음의 법을 말할 때에(說是心法時)
이 법은 마음의 법이 아닌 것(是法非心法)

4 우바국다 존자(優婆鞠多尊者, Upagupta)

상나화수 존자의 법을 이어 '전법 제4조'가 된 우바국다 존자는 타리국(吒利國) 사람으로, 그의 성은 수타(首陀)라 알려져 있다.

석가모니 부처님께서 생존시 그에 대해 예언하시기를, "선문(禪門)의 네 번째 조사로서 많은 중생을 제도하되 오늘의 나와 같을 것이요, 현겁(賢劫) 동안에 성불하여 '무상호여래(無相好如來)'라 불리게 될 것이다"고 하셨다.

우바국다 존자는 17세에 출가, 20세에 도를 이룬 후 곳곳을 다니며 교화하다가 마돌라국(摩突羅國)에 이르러 보름 동안 설법하신 적이 있는데, 그때 하늘에서는 꽃이 내리고 땅에서는 신(神)이 솟아 나와 법을 듣고 모두 해탈을 얻었다고 한다. 한편 우바국다 존자는 한 사람을 제도하면 네 치 짜리 산가지〔籌〕하나씩을 모았는데, 사방 열여섯 자에 이르는 석실 하나에 산가지가 가득하게 되었다고 전한다.

우바국다 존자의 마지막 제자 이름은 제다가로, 존자는 제다가에게 "내가 이제 정법안장(正法眼藏)을 그대에게 전하노니, 그대는 잘 퍼뜨려서 끊이지 않게 하라. 나의 게송을 받아라" 하시며 다음 게송을 전하시게 된다.

마음은 본래부터의 마음이니(心自本來心)
본래 마음이란 있음의 법 아닌 것(本心非有法)
법도 있고, 본래의 마음도 있음이건만(有法有本心)
마음도 아니요, 본래의 법도 아니로다(非心非本法)

이렇듯 조사께서는 법을 전하신 후 바로 열반에 드셨으니, 제자인 제다가(提多迦)가 석실 안의 산가지를 꺼내 쌓아두고 불을 질러 다비(茶毘)하였으며, 그 후 사리를 거두어 공양하였다고 전한다. 우바국다 존자는 인도 전역을 통일한 아쇼카 왕의 스승으로, 아쇼카 왕에게 권하여 84,000개의 부처님 사리탑을 세우게 했던 장본인이기도 하다.

5 제다가 존자(提多迦尊者, Dhṛtaka)

우바국다 존자의 법을 이어 '전법 제5조'가 된 제다가 존자는 마가타(摩迦陀)국 사람으로, 그의 아버지 꿈에 '황금 해가 지붕을 뚫고 솟아 큰 광명을 뿜어 보배 산을 비추는데 그 산꼭대기에서는 샘이 솟고 있었다'고 한다. 이러한 꿈으로 인해 아들 이름을 '제다가'라 하였으니, 그 이름을 뜻으로 번역하면 '통진량(通眞量)', 즉 '진리의 한계에 통한다'는 의미이다.

석가모니 부처님께서 생존시 그에 대해 예언하시기를, "내가 열반에 든 뒤 200년만에 반드시 한 사람이 도과(道果)를 증득하리라"고 했던 바, 그는 우바국다 존자의 법을 이은 후 여러 지방을 돌며 많은 중생들을 제도하였다고 한다.

이렇듯 많은 중생들에게 법을 전하며 다니던 중, 한때 미차가라 불리는 선인(仙人)과 8,000명의 무리가 출가하기를 원하니, 이에 제다가 존자는 그들에게 다음과 같이 말하였다.

"그대들이 출가하려거든 제각기 부처님을 생각하고, 삭도(削刀; 머리 깎는 칼)에 의존하지 말라. 생각함에 따라 수염과 머리칼이 저절로 맑아질 것이요, 부처님을 공경함으로서 옷에서 가사가 생기어 단상(檀相)으로 변해질 것이다."

그때에 '선인들이 각기 부처님을 생각하고 공경하는 까닭에 머리카락과 수염이 저절로 깎이고 가사가 몸에서 솟았으며, 마음이 물러서지 않아 모두가 거룩한 과위를 얻었다'고 기록은 전하는 바, 그때에 제다가 존자는 그들 무리의 으뜸인 미차가에게 다음과 같이 말하였다. "여래께서 정법안장을 가섭에게 전하셨고, 차츰차츰 전하여 나에게 이르렀는데, 내가 이제 이 법안(法眼)을 그대에게 전하노니 나의 게송을 들으라."

본래 마음의 법을 통달하면(通達本心法)
법도 없고 법 아님도 없다(無法無非法)
깨달음〔悟了〕이란 깨닫지 못함과 같으니(悟了同未悟)
마음도 없고 법도 또한 없어라(無心亦無法)

게송을 마치신 제다가 존자께서는 삼매의 불 속에 몸을 태우시니, 이후 제자인 미차가가 그의 사리를 모아 반다산(班茶山)에 탑을 세우고 공양하였다고 한다.

6 미차가 존자(彌遮迦尊者, Mikkaka)

제다가 존자의 법을 이어 '전법 제6조'가 된 미차가 존자는 중인도 사람으로, 그가 많은 곳을 떠돌며 법을 전하던 중 한 무리 가운데 바수밀이라 불리는 사람이 있어 미차가 존자에게 출가의 뜻을 밝힌 바 있었다.

이에 미차가 존자는 말하기를, "부처님께서 살아 계실 때 북천축에 이르러 아난다에게 말씀하시되, '내가 열반에 든 지 300

년 뒤에 이 땅에 한 성자가 성받이인 파라타(波羅墮) 집안에 태어나 바수밀이라 불리리니, 모든 조사 가운데서 일곱 째가 되리라' 하셨는데, 부처님께서 그대에 관해 예언하신 내용은 내가 알 바 아니거니와 그대는 어서 출가하여 더러운 그릇을 버리고 성스런 과위를 증득하도록 하라" 하였다.

이 말에 바수밀은 미차가 존자에게 출가하여 계를 받았는데, 바수밀의 깨달음이 깊어지자 미차가 존자께서는 그에게 법을 전하고 다음 게송을 읊어 주었다.

마음이 없어 가히 얻을 수 없거늘(無心無可得)
얻었다 설한다면 법이라 말할 수 없음이라(說得不名法)
만약 마음이 마음 아님을 깨닫게 되면(若了心非心)
비로소 마음이 마음의 법임을 알게 되리라(始解心心法)

이 게송을 마치신 미차가 존자께서는 삼매에 들어 몸을 태 허공에 띄워 보이신 후 다시금 자리에 앉아 스스로 불을 놓아 몸을 태우시니, 바수밀은 그의 사리를 수습하여 칠보의 함에 넣어 탑을 세워 공양하였다.

7 바수밀 존자(婆須密尊者, Vasumitra)

미차가 존자의 법을 이어 '전법 제7조'가 된 바수밀 존자는 북천축(北天竺) 사람으로, 언제나 손에 술병을 들고 이 마을 저 마을을 떠돌며 혹 길을 가다 눕기도 하니 사람들은 그를 미치광이라 불렀다. 그러나 이후 미차가 존자의 가르침을 받고 술병을 버리고 출가하여 많은 중생들을 구제하였으며, 그 가르침을 행하던 중 불타난제라 불리는 대학자를 만나게 되었다.

불타난제가 바수밀 존자에게 묻기를, "진리를 토론할 줄 아십니까?" 하였다. 이에 바수밀 존자는, "토론할 수 있다면 진리가 아니요, 진리라면 토론할 수 없다. 만일 진리를 토론하려면 끝내 진리를 토론하는 것이 아니니라"고 말하였다. 불타난제는 이 말을 듣고 마음 깊이 공경하고 승복하여 바수밀 존자에게 출가하였다고 한다.

이후 불타난제가 계를 받고 과위를 증득함에, 바수밀 존자는 다음의 게송을 불타난제에게 전하고 자심삼매(慈心三昧)의 열반에 들었다고 전한다.

마음은 허공계와 같은 것(心同虛空界)
내 허공과 같은 법 보여 주리니(示等虛空法)
허공을 증득할 시엔(證得虛空時)
옳은 법도 없고, 그른 법 또한 없느니라(無是無非法)

⑧ 불타난제 존자(佛陀難提尊者, Buddhanandi)

바수밀 존자의 법을 이어 '전법 제8조'가 된 불타난제 존자는 가마라국(迦摩羅國) 사람으로, 태어날 때부터 정수리에 구슬이 있었는데 그 구슬 빛이 찬란하였다고 한다.

나이 40에 바수밀 존자를 만나 출가, 성스런 과위(果位)를 증득한 그는 여러 곳을 다니며 교화하다 제가국(提迦國)에 이르러 복타밀다라는 사람을 만나게 되었는데, 복타밀다는 게송으로 다음과 같이 질문하였다.

"부모가 나의 친한 이가 아니거니, 누가 나의 가장 친한 이인가? 부처가 나의 도(道)가 아니거니, 누가 나의 가장 옳은 도인가?"

이에 조사께서는 다음과 같이 말하였다. "그대의 말[言]이 마음과 친하면 부모와 견줄 바 아니요, 그대의 행(行)이 도(道)와 합하면 부처의 마음이 바로 그것이니라. 밖으로 형상 있는 부처를 구한다면 법과 가깝지 못하거니와, 그대의 근본 마음을 알게 된다면 합함[合]도 아니요 여읨[離]도 아니리."

불타난제의 이 같은 설법을 듣고 복타밀다는 크나큰 깨달음을 얻게 되었고, 존자께서는 그에게 구족계를 주고서 다음 말씀

을 전하시게 된다.

"여래께서 대법안(大法眼)을 가섭에게 전하셨고, 차츰차츰 전하여 내가 여덟 번째가 된다. 그대는 나의 법보(法寶)를 받아 끊이지 않게 하라" 하시며 다음 게송을 읊으신 후 신변을 보이시다가 다시금 제자리에 돌아와 입적하셨다고 전한다.

허공은 안팎이 없으니(虛空無內外)
마음의 법 또한 이러하니라(心法亦如此)
허공이 그러함을 깨닫게 되면(若了虛空故)
바로 진여의 이치를 통달함이라(是達眞如理)

⑨ 복타밀다 존자(伏馱密多尊者, Buddhamitra)

불타난제 존자의 법을 이어 '전법 제9조'가 된 복타밀다 존자는 제가국(提迦國) 사람으로, 성은 비사라(毘舍羅)라 불리었다.

불타난제에게 법을 이어 받은 후 중인도에 이르러 많은 사람들을 교화하던 중 향개(香盖)라는 사람의 아들 난생(難生)을 만나게 되었는데, 그는 복타밀다 존자에게 출가, 열심히 수행하여 겨드랑이를 결코 땅에 기대지 않았던 까닭에 사람들은 그를 협존자(脇尊者: 波栗溼縛)라 불렀다.

이후 협 존자의 수행이 무르익자 복타밀다 존자는 그에게 이르기를, "여래께서 정법안장을 가섭에게 전하셨는데 차츰차츰 전하여 지금 나에게 이르렀고, 이제 나는 그대에게 이 법장(法藏)을 전하려 하니 그대는 잘 간수하여 끊이지 않게 하라" 하시며 다음 게송을 읊어 주셨다고 한다.

 진리는 본래 이름 없건만(眞理本無名)
 이름에 의해 진리를 나타내느니(因名顯眞理)
 진실한 법을 받아 체득하면(受得眞實法)
 참 또한 거짓도 없으리라(無眞亦無僞)

이렇듯 게송을 마치신 복타밀다 존자께서는 멸진삼매(滅盡三昧)에 들었으며, 대중들이 향유와 전단향 나무로써 화장하여 사리를 얻고 나란타사(那爛陀寺)에 그 탑을 세워 공양하였다고 전한다.

10 협 존자(脇尊者, Pārśva)

복타밀다 존자의 법을 이어 '전법 제10조'가 된 협 존자는 중인도 사람으로, 그의 아버지 꿈에 흰 코끼리가 보배 구슬이 안치된 보좌(寶座)를 등에 지고 집으로 들어오는 꿈을 꾸었는데, 바로 그 순간 태어났다고 전한다.

복타밀다 존자의 법을 이은 후 여러 곳을 둘러 교화하던 중 화씨국(花氏國; 현재의 Patna)에 이르러 나무 밑에 쉬고 있을 때, 보신(寶身)이란 장자의 일곱 아들 중 막내 부나야사가 자리에서 일어나 합장하기에 존자가 물었다.

"너는 어디를 좇아 왔는가?" 이에 부나야사가 말하기를, "내 마음은 어디를 좇음이 없습니다" 하였다.

존자가 또다시, "그렇다면 너는 지금 어디에 머물고 있는가?"

하자 "내 마음은 머묾 또한 없습니다" 하였다.

이에 존자께서는, "맞노라. 모든 것에는 머무는 바가 없느니라. 모든 부처님들이 네가 아니어늘, 너 또한 모든 부처님들과 같이 될 수 없느니라."

이렇게 말씀하신 협 존자께서는, "이리 오너라. 내 너로 하여금 대법안장(大法眼藏)을 부촉케 하리라" 하시며 다음 게송을 읊으시게 되는 것이다.

참 본체는 자연히 참되나니(眞體自然眞)
참됨으로 인하여 진리가 있다고 말한다(因眞說有理)
가령 참이 참된 법임을 체득할진댄(領得眞眞法)
좇을 바도 없고 머물 바도 또한 없게 되리라(無行亦無止)

이렇듯 게송을 마치신 조사께서는 즉시 열반에 들어 스스로 불을 일으켜 몸을 태우시니, 부나야사 존자는 그 사리를 거두어 탑을 세우고 공양하였다고 한다.

11 부나야사 존자(富那耶奢尊者, Puṇyayaśas)

협 존자의 법을 이어 '전법 제11조'가 된 부나야사 존자는 이곳 저곳을 다니며 교화하던 중, 파라나국(波羅奈國, 현재의 바라나시)에 이르게 되었는데, 그곳에서 마명(馬鳴)이라 불리는 제자의 귀의를 받게 되었다.

 후에 부나야사 존자께서는 대중이 모인 가운데 마명의 전생에 대해 다음과 같이 말하였다. "현재의 마명은 전생에 비리국(毘利國)의 왕이었다. 그 나라에 한 사람이 있어 마치 말[馬]과 같이 옷을 벗고 다녔었다. 그래서 왕이 소매를 가리고 그를 누에로 변신케 하여 그 스스로 옷을 얻게 된 적이 있었다. 그러한 연유로 후에 마명이 중인도에 태어났을 때 그 태어남의 순간에 옷을 얻었던 그 사람이 마명의 자비스럽고 애련한 마음을 생각하여 말울음 소리를 내었으니, 그러한 까닭에 태어난 아이를 마명(馬鳴)이라 이름한 것이다."
 또한 "여래께서 말씀하시되, '내가 멸도한 지 600년이 지나 마명이라 불리는 현자가 있어 파라나국에 머물며 외도들을 굴

복하고 한량없는 사람들을 제도할 것이다'라고 말씀하셨다" 하며, 마명에게 이르기를, "내 여래의 대법안장을 너에게 부촉하노니 자세히 듣거라" 하시며 다음 게송을 건네시게 되었다.

미혹함과 깨달음은 숨음과 드러남과 같듯이(迷悟如隱顯)
밝음과 어두움은 서로 떠나지 않는 것(明暗不相離)
내 숨음과 드러남의 법 전하노니(今付隱顯法)
이 하나도 아니요, 둘 또한 아니니라(非一亦非二)

이 게송을 남기신 부나야사 존자께서는 신변(神變)을 나타내어 허공을 날으시다가 제자리에 돌아와 적정(寂靜)에 드셨으니, 그 사리를 거두어 탑을 세웠다.

12 마명 존자(馬鳴尊者, Aśvaghoṣa)

부나야사 존자의 법을 이어 '전법 제12조'가 된 마명 존자는 파라나국 사람으로, 전하는 바에 의하면 그가 부나야사 존자로부터 법을 전해 받았을 때, 한 악귀가 그를 찾아와 힘을 겨루고자 하며 공중에서 홀연히 한 마리의 금빛 용(龍)으로 변하여 그 위세를 떨치니 산악이 진동하였다고 한다. 그러나 마명 존자께서는 엄연히 자리에 앉아 계셨던 바, 그 요사스러움이 이내 사라져 버렸다고 한다.

　또한 7일이 지나 한 마리의 자그마한 벌레가 존자의 의자 밑에 숨어들었거늘, '이는 분명 악귀가 변해서 된 것이라' 생각하시고 말씀하시기를, '네가 삼보(三寶)께 귀의하면 신통을 얻을 수 있을 것이다' 하셨다. 이에 악귀가 그 모습을 드러내 참회하거늘, 존자께서 '네 이름은 무엇이며 어떠한 신통을 지니는고?'라고 묻자, 이에 '제 이름은 가비마라입니다. 능히 거해(巨海)를 변화시킬 수 있습니다' 하였다. 그러자 존자께서는 '산하대지 및 6신 삼매가 다 이로서 발현한 것이어늘, 너의 성품이 바다인가 아닌가?'
　가비마라가 이 말을 듣고 깨달음이 있어 제도(濟度) 받기를 청하였으니, 마명 존자께서는 다음 게송과 함께 그에게 법을 부촉하셨다고 전한다.

숨음과 드러남이 즉 본래의 법이듯(隱顯卽本法)
밝음과 어두움이 원래 둘이 아니니라(明暗元無二)
내 이제 깨달음의 법 부촉하노니(今付悟了法)
취하지도 또한 그것을 떠나지도 말지니라(非取亦非離)

이 같은 게송을 남기고 존자께서 공중에 몸을 솟구치시니, 그 것은 마치 일륜상(日輪相)의 모습을 띄었다고 한다.

13 가비마라 존자(迦毘摩羅尊者, Kapimala)

마명 존자의 법을 이어 '전법 제13조'가 된 가비마라 존자는 화씨성(花氏城) 사람으로, 법을 이은 후 서인도에 이르러 머물렀던 적이 있었다. 그때 성 북쪽 동굴 안에서 큰 이무기[蟒]를 만나게 되었는데, 그 이무기는 존자 앞에 이르러 삼귀의를 행한 뒤 존자의 법 설함을 듣고 물러갔다. 또한 그가 동굴 깊숙이 들어가니 그곳에는 한 노인이 있어 말하기를, "제가 옛날에 출가 사문이었는데 자주 성내는 마음을 일으킨 연고로 이무기의 몸을 얻었으나, 조금 전 존자의 법 설함을 듣고 그 몸을 벗어나게 되었습니다" 하였다.

또한 동굴 밖에는 큰 나무가 있어 그 밑에는 500마리의 용(龍)16)이 살고 있었으며, 그 수신(樹神)의 이름은 용수(龍樹)라 불리었다. 용수는 언제나 그 나무 밑에 살고 있는 용들에게 법을 설하곤 하였는데, 마침 존자가 그곳을 지나침을 보고 묵연히 생각하였다. "저 스님이 진정 도를 얻었음이런가? 그가 대성인(大聖人)일진댄 참된 진리의 가르침을 이은 사람일런가?"

이에 가비마라 존자께서 말씀하시기를, "진정 출가함을 원할진댄 어찌 깨닫지 못할 것을 염려하리오" 하였다. 이 말을 듣고 용수는 가비마라 존자의 제자가 되었으니, 이후 존자께서는 용수에게 다음 게송을 전하신 후 스스로 몸에 불을 놓아 열반에 드셨다고 한다.

숨음도 드러남도 아닌 법을(非隱非顯法)

---

16) 용(龍) : 일반적으로 인도에서는 독사를 Nāga라 표현하는 바, 한역(漢譯)에서는 이를 용(龍)이라 번역한다.

이 진실의 경지라 말할 수 있으리(說是眞實際)

이 숨음과 드러남의 법 깨닫게 되면(悟此隱顯法)

어리석음도 또한 슬기로움도 아닐 것이리(非愚亦非智)

14 용수 존자(龍樹尊者, Nāgārjuna)

가비마라 존자의 법을 이어 '전법 제14조'가 된 용수 존자는 서인도 사람으로, 법을 이은 후 남인도에 이르러 법을 설하였다. 그때 남인도의 무리들 중에 어떤 사람이 존자에게 묻기를, "한갓 불성이라 말하거니와, 누가 능히 그것을 볼 수 있으리오" 하였다. 이에 존자께서는 땅 위에 하얀 연꽃 좌대를 솟아오르게 하고 그 위에 몸을 드러내 보이시니, 그 형상은 마치 만월륜(滿月輪)의 모습을 띄었다. 그때 대중 가운데 가나제바라 불리는 사람이 있어 대중들에게 말하기를, "이 형상을 능히 알겠는가?" 하였다. 그리고 말하기를 "이것은 용수 존자께서 불성(佛性)의 체(體)와 상(相)을 드러내 우리에게 보이시고 '무상삼매'로서 우리를 이익되게 하셨음이니, 저 형체가 가득 찬 달〔滿月〕은 확연히 허허롭고도 밝은 불성(佛性)의 뜻을 드러냄이로다" 하였다.

이 말을 마치자 만월륜(滿月輪)의 형상은 곧 자취를 감추니, 그 무리들이 크게 깨달은 바 있어 혹 출가를 원하는 이가 있었으며, 존자는 그들을 체발(剃髮)·수계(受戒)케 하였다.

이후 용수 존자께서는 제자들 중 으뜸인 가나제바에게 말씀하시기를, "내 여래의 크나큰 법을 너에게 부촉하노니 나의 게송을 듣거라" 하시며 다음 게송을 읊으시게 된다.

숨음과 드러남의 법 밝히기 위해(爲明隱顯法)
방편으로 해탈의 이치 말함이로다(方說解脫理)
저 법을 깨우쳤다는 마음 없으면(於法心不證)
성냄도 기쁨도 없음이라네(無瞋亦無喜)

15 가나제바 존자(迦那提婆尊者, Kāṇadeva)

용수 존자의 법을 이어 '전법 제15조'가 된 가나제바 존자는 남인도 사람으로, 한때 가비라국(迦毘羅國)에 이르러, 그곳 장자의 둘째 아들 라후라다를 제자로 삼게 되었다.

다음 게송과 함께 라후라다에게 법을 전하였다고 한다.

본래 법 전할 사람을 상대함은(本對傳法人)
해탈의 이치를 말하기 위함이로다(爲說解脫理)
그러나 저 법은 실로 증득할 바 없으니(於法實無證)
마지막도 시작도 또한 없음이어늘(無終亦無始)

16 라후라다 존자(羅睺羅多尊者, Rāhulata)

가나제바 존자의 법을 이어 '전법 제16조'가 된 라후라다 존자는 비라국(毘羅國) 사람으로, 성은 범마(梵摩)요 그의 아버지 이름은 정덕(淨德)이었다. 한때 실라벌성(室羅伐城, Śravāsti)에서 교화를 행할 때 그곳을 흐르는 금수(金水)에 이르게 되었다.

그 물의 흐름 가운데 홀연 5불(五佛)의 그림자가 새겨 있음을 발견하고 물을 좇아 올라가니 승가난제라 불리는 사람이 고요히 선정(禪定)에 들어 있었다.

이에 라후라다 존자께서 묻기를, "너의 몸이 선정에 들어 있느냐, 너의 마음이 선정에 들어 있느냐?"

승가난제가 대답하기를, "몸과 마음이 다 선정에 들어 있습니다."

존자께서 묻기를, "몸과 마음이 다 선정에 들어 있을진대, 어찌 호흡의 들어오고 나감이 있으리오?"

승가난제가 답하기를, "비록 호흡의 들어오고 나감이 있사오나, 선정의 상태를 잃어버림은 없습니다" 하였다.

이렇게 답한 후 승가난제는 홀연 마음이 맑아짐을 느끼고 출가하기를 원하거늘, 스승으로부터 출가를 허락 받은 후 승가난제는 또다시 라후라다 존자에게 물었다.

"법은 증득할 수 있습니까? 있을 수도 없을 수도 있습니까? 취할 수도 버릴 수도 있습니까? 법에 안과 밖이 있습니까? 바라건대 존자께서는 자비(慈悲)로서 설명해 주십시오."

이에 라후라다 존자께서는 승가난제에게 하나의 게송을 남긴 채 열반에 들었다 하니, 그 게송은 다음과 같다.

법이란 진실로 증득할 수 없음이요(於法實無證)
그것은 취할 수도 또한 떠날 수도 없는 것이리(不取亦不離)
법이란 있고 없음의 모습 아니어늘(法非有無相)
안과 밖이 어찌 생겨나리오(內外云何起)

17 승가난제 존자(僧伽難提尊者, Saṅghanandi)

라후라다 존자의 법을 이어 '전법 제17조'가 된 승가난제 존자는 실라벌성(室羅伐城) 사람으로, 아버지 이름은 보장엄(寶莊嚴)이라 하였다. 태어나자마자 또렷이 말을 할 줄 알아 어머니에게 설법을 하더니, 이미 7살에 세상 즐거움을 저어하여 출가, 홀로 동굴에서 10여 년을 수행한 이래 곳곳을 편력하던 중 마제국(摩提國)에 이르게 되었다.

그곳 마제국에서 어느 산에 위치한 움막에 이르렀을 때 한 동자가 둥근 거울을 들고 존자 앞에 이르거늘, 존자는 동자에게 물었다.

"네가 손에 거울을 들고 있음은 무엇을 뜻함인가?" 이에 동자가 이르기를,

"이는 모든 부처님들의 크고 원만함을 뜻함이니, 안과 밖이 가리움이 없는 것입니다."

이 말을 듣고 존자와 동자의 마음이 서로 교합하였는 바, 동자는 즉시 출가하여 가야사다라는 법명을 받았다. 이윽고 승가난제 존자와 가야사다가 한 절에 이르렀을 때 그 절의 처마 끝에는 풍경이 매달려 있어 바람에 흔들리며 소리를 내거늘, 승가난제 존자는 가야사다에게 다음과 같이 물었다.

"바람이 우는 것인가, 풍경이 우는 것인가?" 이에 가야사다

는,

"내 마음이 우는 것일지언정 바람이나 풍경이 우는 것은 아닙니다" 하였다.

"바람도 풍경도 아니요 네 마음이라니, 그렇다면 무엇이 네 마음인가?"

"모두가 고요하기 때문이니, 그 어찌 삼매가 아니겠습니까?"

이 말을 들은 승가난제 존자는, 가야사다가 참된 이치를 통달한 것을 기뻐하며 다음 게송을 전해 주었다고 한다.

마음의 법은 본래 무생의 법칙이니(心法本無生)
원인은 연을 좇아 생겨나는 것이라(因地從緣起)
연과 종자가 서로 방해롭지 아니하듯이(緣種不相妨)
꽃과 열매 또한 그러하리라(華果亦復爾)

18 가야사다 존자(伽耶舍多尊者, Gayāśata)

승가난제 존자의 법을 이어 '전법 제18조'가 된 가야사다 존자는 마갈국(摩竭國) 사람으로, 성은 울두람(鬱頭籃)이요 아버지 이름은 천개(天盖)라 하였다.

나이 12세에 승가난제의 법을 받아 여러 곳을 다니며 교화하던 중 한때 월씨국(月氏國)에 이르렀는데, 한 바라문의 집에 이상한 기운이 서리어 있음을 보고 존자가 그 집에 들어가니, 그

집주인 구마라다가 물었다.

"어느 무리에 속한 사람입니까?"

"부처님 제자입니다."

이때 구마라다는 부처님이란 명호(名號)를 듣는 순간 마음에 두려움이 생겨 얼른 문을 닫았다. 존자가 그 문을 두드리자 구마라다는 "이 집에 아무도 없습니다" 하였다. 가야사다 존자는, "그 아무도 없다고 대답하는 그 사람은 누구인가?" 하고 물었다.

구마라다가 '이상한 사람도 다 있다'라고 생각하며 문을 열어 접대하였다. 조사께서는 이내 그를 출가시켜 구족계를 주었고, 도과(道果)를 증득한 뒤에는 다음 게송으로 법을 부촉하였다.

종자가 있고 마음의 땅이 있음이거늘(有種有心地)
인(因)과 연(緣)이 능히 싹을 틔움이로다(因緣能發萌)
저 연에 서로 장애 되는 바 없거늘(於緣不相礙)
생에 당하여도 불생을 생해야 하리(當生生不生)

19 구마라다 존자(鳩摩羅多尊者, Kumārata)

가야사다 존자의 법을 이어 '전법 제19조'가 된 구마라다 존자는 월씨국(月氏國) 사람으로, 법을 이은 후 여러 곳을 다니다가 북천축(北天竺)에 이르렀다. 그때 북천축에는 사야다라고 불리는 사람이 있어, 구마라다 존자를 찾아와 다음과 같이 질문하였다.

"우리 부모는 언제나 삼보를 정성껏 공양하고 불도를 행하였는데 무슨 인연으로 오랫동안 병고에 시달리며, 우리 이웃은 항

상 못된 짓만 하고 수행도 하지 않는데 아무 재앙도 없으니 이 두 가지 이치를 설명해 주십시오."

이에 존자께서는 말하기를,

"자신이 지은 업(業)이란 삼세(三世)에 통함이 있으니, 마치 그림자가 형체를 따르듯 백 천만 겁이 지나더라도 마멸됨이 없느니라. 네가 비록 삼업(三業)이 밝지 못함을 좇아 업이 생겨나고 식(識)이 생겨나며, 식(識)을 좇아 마음[心]이 생겨나는 이치를 믿게 되었을 지라도, 마음이란 본래 청정하여 생멸(生滅)이 없고 만들어지는 바 또한 없으며 그에 따른 과보 역시 없나니, 일체 선악과 유위(有爲)·무위(無爲)의 법이 다 꿈과 같은 것이니라."

이 말을 듣고 사야다는 깨달은 바가 있어 구마라다 존자에게 출가하였으며, 사야다는 이내 도를 증득하여 구마라다 존자로부터 다음의 게송과 함께 법을 이어받게 되었다.

성품이란 본래 생겨남이 없음이거늘(性上本無生)
그것을 구하는 이들을 위해 이야기 된 바이라(爲對求人說)
저 법이란 이미 얻을 바 없을진댄(於法旣無得)
어찌 결택하고 결택되지 않음을 염려하리오(何懷決不決)

[20] 사야다 존자(闍夜多尊者, Jayata)

구마라다 존자의 법을 이어 '전법 제20조'가 된 사야다 존자는 북천축국 사람으로, 법을 이은 후 교화의 길을 떠나 나열지성(羅閱祇城)에 이르게 되었다.

그때 그곳 나열지성에는 바수반두라 불리우는 두타행(頭陀行)을 하는 행자(行者)가 있었는데, 그는 하루 여섯 차례 예불을 하고, 욕심이 적어 만족함을 알며, 눕지 않은 채 오래 앉아 있으며 하루 한 끼니만 먹고 있었다. 이에 제자들이 그의 행(行)을 찬양하자 사야다 존자께서는 다음과 같이 말씀하셨다.

"그의 두타행은 오래지 않아 물러날 것이다. 그것은 도(道)와는 거리가 멀다. 마음속에 구하는 바가 있으면 도라 할 수 없느니라" 하시며, 거듭 다음과 같은 말을 하셨다.

"나는 도를 구하지 않으나 전도되지 않고(我不求道 亦不顚倒), 여섯 차례 예불을 하지 않으나 거만하지 않으며(我不禮佛 亦不經謾), 족함을 알지 못하나 탐욕하지 않고(我不知足 亦不貪慾), 마음에 바라는 바 없거늘 이것을 도(道)라 이름하느니라(心無所希 名之日道)."

이때 그 말을 듣고 바수반두가 환희·찬탄하거늘, 사야다 존자께서는 그를 제자로 받아들여 이후 법을 전하였으니, 그에게 전해 준 게송은 다음과 같다.

한 마디 말에 무생법(無生法)에 계합할진대(言下合無生)
법계의 성품과 같게 되리라(同於法界性)
만일 능히 이처럼 알게 된다면(若能如是解)
사(事)와 이(理)의 구경을 통달하리라(通達事理竟)

[21] 바수반두 존자(婆須盤頭尊者, Vasubandhu)

사야다 존자의 법을 이어 '전법 제21조'가 된 바수반두 존자는 나열지성 사람으로, 법을 이은 후 교화의 길을 떠나 나제국(那提國)에 이르게 되었다.

당시 나제국은 상자재(常自在)라는 왕이 다스리고 있었으며, 그에게는 마노라라 불리는 아들이 있었다. 당시 상자재 왕은 바수반두 존자의 훌륭함에 감복한 나머지 아들 마노라를 제자로 받아들이기를 원하니, 태자는 곧 출가하여 계(戒)를 받기에 이르렀다. 그리고 출가의 기쁨 속에 태자는 다음 게송을 노래하였다. "스님의 방편의 힘으로 나에게 해탈을 얻게 하시니, 부모님께 머리 숙여 하직하옵고 애욕의 불길에서 벗어나리라."

이후 바수반두 존자께서는 제자 마노라를 거느리고 많은 곳에 이르러 교화를 행하였으며, 오랜 시간이 지나 다음 게송과 함께 마노라에게 법을 전하시게 된다.

거품도 환영도 모두 거리낌 없음이거늘(泡幻同無碍)
어찌 깨닫지 못함이리요(如何不了悟)
법이 그 가운데 있음을 요달할지니(達法在其中)
현금의 일(분별)도 고래의 일(자심청정)도 아님이로다(非今亦非古)

이처럼 법을 전하신 후, 바수반두 존자께서는 허공 높이 몸을 솟구쳐 머무신 다음 땅에 이르러 열반에 드시니, 그의 사리를 모아 탑을 세웠다고 전한다.

22 마노라 존자(摩拏羅尊者, Manorhita)

바수반두 존자의 법을 이어 '전법 제22조'가 된 마노라 존자는 나제국 사람으로, 많은 곳을 다니며 교화하는 가운데 월씨국(月氏國)에 이르게 되었다.

그때 그곳 월씨국에는 학륵나라고 불리는 사람이 있어 마노라 존자에게 묻기를,

"어떤 까닭으로 학(鶴)의 무리들이 언제나 나를 따라다니는 것입니까?" 이에 존자께서 말씀하시기를,

"네가 옛 생에 수많은 제자들을 이끌고 용궁에 이르렀는데, 그들 제자들 모두가 복이 적고 덕이 미비하여 날개 달린 무리들 가운데 떨어지게 되었느니라. 이미 5겁이 지났음이로되 이제 모두 학의 몸을 받게 되었느니라." 학륵나가 이르되,

"어떤 방편으로 그들을 해탈케 할 수 있으리까?" 이에 존자께서는 학륵나에게 다음 게송을 읊어 주었다고 하는 바, 모든 학의 무리가 커다랗게 울부짖으며 물러갔다고 한다. 이어 마노라 존자께서는 학륵나에게 법을 전한 후 입멸에 들었다 하니, 그 사리를 모아 탑을 세워 공양하였다.

마음이 만 가지 경계 따라 유전함이어늘(心隨萬境轉)
유전하는 그곳은 실로 그윽함일 뿐(轉處實能幽)
그 흐름 따라 본 성품 깨닫게 되면(隨流認得性)
기쁨도 슬픔도 없게 되리라(無喜亦無憂)

23 학륵나 존자(鶴勒那尊者, Haklena)

마노라 존자의 법을 이어 '전법 제23조'가 된 학륵나 존자는 월씨국 사람으로, 법을 이은 후 많은 곳을 다니며 교화하던 중 중인도에 이르게 되었다.

그때 그곳 중인도에는 사자라고 불리는 사람이 있어 학륵나 존자에게 묻기를,

"제가 도(道)를 구하고자 하는데 어떻게 마음을 써야 하겠습니까?(我欲求道 當何用心)" 하였다. 이에 학륵나 존자께서는,

"마음을 쓰는 바가 없어야 하느니라(無所用心)" 하였다. 사자가 묻기를,

"마음을 쓰는 바가 없을진대, 어찌 도(道)를 이루겠습니까?(旣無用心 誰作佛事)" 이에 존자가 말하기를,

"네가 만약 마음을 쓸 것 같으면 그것은 즉 네 마음이 아님이요, 네가 도를 이루겠다는 마음도 없어졌을 때 그것이 즉 도를 행함이니라(汝若有用 卽非汝心 汝若無作 卽是佛事)" 하셨다.

이 말을 듣고 사자는 곧 깨달은 바가 있었으며, 그것을 알아차린 존자께서는 법안(法眼)으로써 사자에게 법을 부촉하시며 다음 게송을 읊어 주셨다고 한다.

마음의 성품 깨달을 때에(認得心性時)
가히 부사의함 말할 수 있나니(可說不思議)
성성명료하되 가히 득할 바 아님이요(了了無可得)
얻고 난 다음 그것을 안다고 말할 수 없나니(得時不說知)

24 사자 존자(獅子尊者, Āryasimha)

학륵나 존자의 법을 이어 '전법 제24조'가 된 사자 존자는, 법을 이은 후 여러 곳을 다니며 교화하던 중 계빈국(罽賓國)에 이르게 되었다.

그때 그곳 계빈국에는 적행(寂行)이라 불리는 바라문이 있었는데, 어느 날 그의 아들을 데리고 사자 존자를 찾아와 묻기를, "이 아이의 이름은 바사사다입니다. 어머니 꿈에 한 신비로운 사람이 보배 검을 들고 와 어미에게 전해 주는 태몽을 갖고

태어난 아이인데, 이 아이는 태어나서도 항상 그 왼손에 무언가를 쥐고 있는 시늉을 하고 있습니다. 원컨대 존자께서는 그 숙세의 인연을 말씀해 주소서" 하였다. 이에 존자께서는 즉시 그 바사사다의 손을 잡고서 말씀하시기를,

"이제 내 구슬을 돌려주거라" 하시었다. 그러자 바사사다는 즉시 왼손을 펼쳐 보였는데, 그 손 위에는 하나의 구슬이 놓여 있어 그곳에 모인 모든 사람들이 경이로워 하였다. 이러한 경이로운 모습에 바라문은 자기 아들을 존자께 출가케 하니, 존자께서는 그의 출가를 허락하시고 구족계를 주셨으며, 또한 다음과 같이 말씀하셨다고 한다.

"여래께서 정법안장을 가섭에게 전하셨고 이렇게 차츰차츰 나에게 이르렀는데, 나는 이제 이 법과 승가리(僧伽梨)를 그대에게 맡기나니 그대는 잘 지켜 끊이지 않게 하라" 하시며 다음 게송을 전하시기도 하셨다.

바야흐로 앎과 본 것[佛知見]을 말하고자 할 때(正說知見時)
앎과 본 것[佛知見]이 이 마음[生死心] 갖추었다면(知見俱是心)
마음[知見] 그대로가 즉 지견[佛知見]이니(當心卽知見)
지견[佛知見]이란 즉 현재[知見]에 있음이로다(知見卽在今)

[25] 바사사다 존자(婆舍斯多尊者, Basiasita)

사자 존자의 법을 이어 '전법 제25조'가 된 바사사다 존자는 계빈국(罽賓國) 사람으로, 법을 이은 후 여러 곳을 다니며 교화하시던 중 남인도에 이르른 적이 있었다.

그때 남인도에는 득승(得勝)이란 국왕이 있어 불법이 아닌 주술(呪術)을 숭상하고 있었는데, 하루는 바사사다 존자의 의덕(儀德)을 시험코자 존자를 궁중에 불러 이렇게 물었다.

"부처님께서 열반하신 지 벌써 1,200년이요, 스님의 나이는 70인데 어떻게 부처님 법을 이었다는 것이요?"

이에 존자께서는, "석가 여래께서 교법(教法)을 전하신 뒤로 24대를 지난 사자 존자의 법을 배워서 부처님 법을 이었습니다. 또 믿음을 표시하는 옷이 있어 승가리라 하는데, 지금 저의 걸망 속에 있습니다" 하며 승가리를 왕에게 꺼내 보였다. 왕은 그 승가리를 보고 신하에게 명하여 태워버리라고 하였다. 이윽고 불이 무섭게 치솟아 오르자 하늘에서는 상서로운 구름이 땅을 뒤덮고 네 가지 이상한 꽃이며 향기가 감돌았으며, 불이 다한 뒤에도 옷만은 여전히 남아 있었다.

왕은 이러한 상서로움을 보고 비로소 존자에게 참회를 구하였다. 한편 그에게는 불여밀다라고 불리는 태자가 있어 바사사다 존자에게 나아가 출가하기를 원하였다. 이에 존자께서는 불여밀다 태자에게 묻기를,

"그대가 출가하려는데, 무슨 일을 하려고 하는가?" 하였다. 이에 태자는 대답하기를,

"제가 출가코자 하는 것은 그 무슨 일인가를 하지 않고자 하는 것입니다" 하였다. 이 대답을 들은 존자께서는 '여래께서 큰 자비로써 이 태자를 나에게 주시어 불사(佛事)를 돕게 하셨도다' 하시며 그의 곁에 있게 하시니, 이후 불여밀다가 도(道)를 증득하자 다음 게송과 함께 법을 전해 주셨다고 한다.

성인이 지견〔佛知見〕을 말씀하시니(聖人說知見)
경계를 당함에 옳고 그름이 없음이러라(當境無是非)
내 이제 참 성품 깨달았더니(我今悟眞性)
도(道) 없고 이치 또한 없도다(無道亦無理)

[26] 불여밀다 존자(不如密多尊者, Punyamitra)

바사사다 존자의 법을 이어 '전법 제26조'가 된 불여밀다 존자는 남인도의 태자로, 바사사다 존자에게 나아가 왕궁에서 구족계를 받았다. 그가 계를 받을 때 하늘과 땅이 진동했으며, 바사사다 존자는 "너의 평안함은 오래 머물 것이다. 네 마땅히 정법안장을 잘 간수하여 널리 많은 중생들을 제도할 지어다"라 말했다고 한다.

이때 바사사다 존자가 사자 존자로부터 법의(法衣)와 게송을 전해 받았던 일을 상기하며 불여밀다 존자는 스승에게 이렇게 물었다. "법의를 어떻게 전수 받아야 하나이까?" 그러자 바사사다 존자는, "매사에 어려움이 따르는 고로 이 옷을 의지해 그 증거함을 보이는 것이나, 너에게는 어려움이 따르지 않으리니

어찌 이 옷을 의지하라 하겠는가? 저 시방세계를 교화하여 세상 사람들로 하여금 스스로 믿음을 갖게 만들 지니라"라고 말씀하셨다 한다.

이후 그는 반야다라라고 불리는 제자에게 다음 게송으로 법을 전했다고 하니, 그 게송은 다음과 같다.

참 성품이 마음 가운데 숨어 있으니(眞性隱心地)
머리도 없고 꼬리 또한 없도다(無頭亦無尾)
연 따라 중생을 교화하느니(隨緣化衆生)
방편을 가자하여 지혜를 말함이로다(假方便呼慧)

27 반야다라 존자(般若多羅尊者, Prajñātāra)

불여밀다 존자의 법을 이어 '전법 제27조'가 된 반야다라 존자는 동인도 사람으로, 일찍이 부모를 잃고 여러 곳을 떠돌아다니던 중 스승 불여밀다 존자를 만나 크나큰 깨달음을 얻었다. 이후 남천축국에 이르러 수많은 사람들을 교화하였다.

그가 남천축국에 이르렀을 때 그곳은 향지(香至)라 불리는 왕이 나라를 통치하고 있었는데, 하루는 조사께서 왕의 재식(齋食)에 참석한 적이 있었다. 주변의 많은 스님들이 경전을 읽고 있었는데 조사께서는 경전을 독송하지 아니하였다. 이에 왕이 묻기를, "어째서 스님께서는 경전을 읽지 아니합니까?" 하였다.

그러자 존자께서는, "숨을 내쉴 때에 모든 반연을 따르지 않고 숨을 들이쉴 때에도 온갖 법계 안에 머물지 않으니, 항상 이렇게 백천여 권의 경전을 독송하고 있습니다" 하였다. 이 말에 왕은 존자의 경지에 감응하여 보배 구슬 하나를 바쳤다고 하는 바, 또한 다음과 같이 묻기도 하였다.

"이 구슬은 두루 밝으니 능히 이에 미치는 것이 있겠습니까?"

이에 존자가 대답하기를, "이것은 세간의 보물이라 능히 이 위로 미치는 것이 없으나, 제법(諸法) 중에는 법의 보물〔法寶〕이 으뜸이니 세상 광명이 그에 미치지 못하는 까닭입니다." 그러자 왕이 또한 말하기를,

"만약 밝음이 이 보배를 비추이면 보배는 스스로 보배가 아

닐 것이요, 이 구슬에 대해 어떤 이야기라도 한다면 구슬은 스스로 구슬이 아닐 것입니다"라 하였다. 이에 존자께서는 그 말한 바 지혜에 대해 찬탄하고서 묻기를,

"세상 모든 물건 중에 어떤 물건이 있어 스스로 본래의 상(相)을 여의었겠습니까?" 하였다. 그러자 왕은 말하기를,

"세상 모든 물건 중에 스스로 본래의 상이 있음을 일으키지 않음이 그것일 것입니다" 하였다.

그때 그 향지왕에게는 보리달마라고 불리는 태자가 있었는데, 이내 반야다라 존자에게 출가케 하여 계를 받게 하였으니, 이후 보리달마가 도를 증득하게 되자 존자께서는 다음 게송으로 보리달마에게 그의 법을 전하였다고 한다.

마음 바탕에서 모든 인연의 종자 생겨나니(心地生諸種)
일〔事〕에 인하기도, 일의 이치〔理〕에 인하기도 하는 것(因事復生理)
결과가 가득하면 보리 또한 원만하리니(果滿菩提圓)
꽃이 피면 세계가 생겨남이리라(華開世界起)

그리고 법상에 앉아 양손을 펼쳐 보이니 손에서는 광명이 퍼져 나와 모든 세계를 비추었으며, 이후 스스로 몸에 불을 놓아 입멸에 드셨으니 사리가 마치 비〔雨〕와도 같이 쏟아져 내렸다

고 전한다.

28 보리달마 존자(菩提達磨尊者, Bodhidharma)

반야다라 존자의 법을 이어 '전법 제28조'가 된 보리달마 존자는 남천축국 향지왕의 셋째 아들로서, 그가 스승으로부터 법을 전해 받을 당시 반야다라 존자는 보리달마에게 다음과 같은 말을 했던 적이 있었다.

"그대가 지금 나의 법을 받았으나 너무 멀리 교화하러 가지 말고, 내가 열반에 든 지 67년 뒤에 동쪽나라에 가서 법약(法藥)을 크게 베풀라. 그대는 너무 빨리 가지 말라. 재난이 일어나서 백일하(白日下)에 쇠퇴하게 되리라 … 〈중략〉 … 그 나라에는 도를 얻을 이가 도마죽위(稻麻竹葦)[17] 같아서 이루 헤아

릴 수 없느니라. 그대가 그 나라에 가거든 남쪽에는 머무르지 말라. 그 나라 사람은 불법의 참 이치는 모르고 유위법(有爲法)의 인연 짓기를 좋아하여 공덕을 사랑하리라. 그대가 그 나라에 가거든 머물지 말고 곧 떠나라."

여하튼 보리달마 존자가 바다를 건너 동쪽나라, 즉 중국에 도착한 지 3년이 지나 광주(廣州)를 거쳐 양(梁)나라에 이르니, 양나라 보통(普通) 8년 8월 21일의 일이었다. 이어 이듬해인 정월 보름이 되자 양나라의 무제(武帝)가 몸소 수레를 타고 와서 대사를 청해 대궐에서 공양을 올렸는데, 그때 무제와 보리달마 사이에 이 같은 대화가 오고갔다.

"어떤 것이 성스러움의 제일입니까?"

"전혀 성스러움이란 없습니다."

"짐(朕)과 대하고 있는 그대는 누구입니까?"

"모릅니다."

"짐이 즉위한 뒤로 오늘까지 스님들을 공양하고 절을 짓고, 경(經)을 쓰고 불상을 조성했는데 어떤 공덕이 있습니까?"

"조금도 공덕이 없습니다."

"어째서 공덕이 없습니까?"

---

17) 도마죽위(稻麻竹葦) : 『화엄경』 가운데 표현되는 숫자 단위로, 이루 셀 수 없는 수(數)의 표현이다. 무한급수(無限及數)란 표현과 동일시 생각할 수 있다.

"이는 인천(人天)의 작은 과보요, 유루(有漏)의 원인이 있어 그림자가 형체를 따르는 것과 같습니다. 비록 착한 인(因)이 있다고는 하나 실상(實相)이 아닙니다."

"어떤 것이 진실한 공덕입니까?"

"맑은 지혜는 묘하고 둥글어서 세상일로는 구분할 수 없습니다."

무제는 보리달마 존자의 말뜻을 알지 못하여 얼굴을 붉힌 채 말이 없었다. 달마는 그해 10월 19일에 인연이 스스로 맞지 않는 줄을 아시고 가만히 강 북쪽으로 들어가 위(魏)나라로 가시었다. 이렇듯 보리달마 존자를 떠나보낸 무제는 이후 그가 '부처님의 심인(心印)을 전하는 관음대사(觀音大師)'란 것을 알고 한탄하였다고 하는 바, "보아도 본 것이 아니고, 만나도 만나지 못했도다"라고 술회하였음을 기록은 전하고 있다.

이후 위나라에 이르른 보리달마 존자께서는 숭산(嵩山) 소림사(小林寺)에 이르러 동굴 속에서 9년간 벽만을 바라보며 묵연히 지냈다고 하는데, 이때에 신광(神光)이란 스님이 있어 보리달마 존자의 법을 구하고자 하였다. 신광이 소림사를 찾아 스승의 법을 구하고자 했으나, 달마 조사는 종일 벽만을 바라본 채 아무 말도 없었다. 그러던 어느 날 밤, 흰눈이 소복이 내리는 밤에 동굴 앞에 오래 서 있던 신광은 지니고 있던 칼로 자신 왼쪽 팔을 잘랐다. 흥건한 피가 쏟아져 흰눈을 빨갛게 적시었다. 그것을 감지한 달마 조사가 신광에게 물었다.

"네가 눈 속에 섰으니, 무슨 구하는 바가 있느냐?"

"바라옵건대 화상(和尙)이시여, 제 마음을 편안케 해 주십시오."

"그렇다면 네 마음을 가져오너라. 그 마음을 편안케 해 주리라."

"마음을 찾아도 찾을 수가 없습니다."

"찾아지면 어찌 그것이 너의 마음이겠느냐? 벌써 너의 마음을 편안케 해 마쳤다. 내 너의 마음을 이미 편안케 해 주었다. 너는 보는가?"

신광은 이 말에 활짝 깨달았고, 달마 조사께 아뢰었다.

"오늘에야 모든 법이 본래부터 공적(空寂)하고, 오늘에야 보리(菩提)가 멀리 있지 않음을 알았나이다. 그러기에 보살은 생각을 움직이지 않고 살바야(薩婆若)의 바다에 이르며, 생각을 움직이지 않고 열반의 언덕에 오르나이다."

이 말을 들은 보리달마 존자께서는 신광(神光)의 이름을 고쳐 혜가(慧可)라 부르게 되었으며, 혜가에게 여래의 가사를 전한 후 9년이 지나 다음 게송과 함께 혜가에게 법을 전하게 되었다.

내 본래 이 땅에 온 것은(吾本來玆土)

법을 전하여 미혹한 중생들을 구제코자 함이었도다(傳敎救迷情)

한 꽃에 다섯 잎 피어나니(一花開五葉)

열매 저절로 맺히리(結果自然成)

29 혜가 존자(慧可尊者)

보리달마 존자의 법을 이어 '전법 제29조'가 된 혜가 존자는 위나라 사람으로, 온 집안에 두루 상서(祥瑞)가 있은 뒤에 태기가 있어 태어났던 까닭에 애초 그의 이름을 광광(光光)이라 하였다. 이미 나이 15세에 9경(九經)을 꿰뚫었고 30세가 되어 보정(寶靜) 선사에게 나아가 출가하였다. 나이 40이 된 어느 날 밤 한 신인(神人)이 나타나 그에게 말하였다.

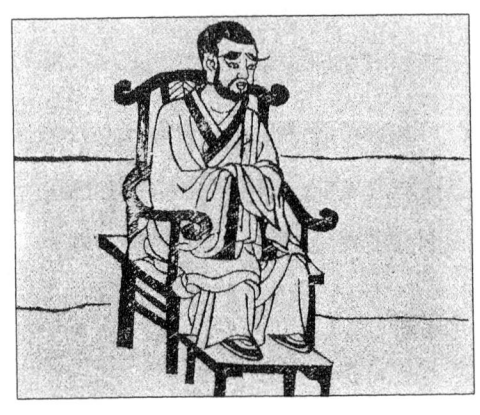

"과위(果位)를 받으려 하면서 어찌 여기에만 머물러 있는가? 남쪽으로 가서 도를 가까이 하지 않고!"

이렇듯 신인의 나타남을 본 후, 그는 광광(光光)이라 하였던 그의 이름을 신광(神光)이라 고치고 남쪽을 향해 내려갔다. 그리고 소림사에 이르러 보리달마 존자를 만나 혜가(慧可)라 이름하고 그의 법을 이어 전법조사(傳法祖師)가 되었으니, 법을 이은 후 그는 수많은 이들을 깨달음에로 인도하였다고 전한다.

이렇듯 혜가 존자께서 많은 이들에게 부처님 법을 전하고 있던 당시 한 거사가 존자를 찾아와 14년을 머물렀는데, 14년만에 조사를 친견하여 이렇게 말하였다.

"제자는 풍병(風病; 문둥병)을 앓고 있으니 화상께서 제자를 위해 참회케 하여 주십시오" 하였다. 이에 조사께서는,

"그대는 죄를 가지고 오너라. 죄를 참회케 해 주리라" 하였다.

"죄를 찾아도 찾을 수가 없습니다."

"그대의 죄는 참회가 끝났다. 그대는 그저 불·법·승 삼보께 의지하기만 하라." 이에 거사는 또 묻기를,

"화상을 뵈면 승보(僧寶)가 무엇임을 알겠는데, 세간에서는 어떤 것이 부처이며 어떤 것이 법입니까?"

"마음이 부처요 마음이 법이니, 법과 부처는 둘이 아니니라.

그대는 알겠는가?" 이에 거사가 말하기를,

"오늘에야 비로소 죄의 성품이 안과 밖과 중간에 있지 않는 줄 알았습니다. 마음이 그렇듯 법과 부처가 둘이 아님을 알았습니다."

이 말을 들은 혜가 존자께서는 그에게 구족계(具足戒)를 주었으며, "그대는 승보(僧寶)이니 승찬(僧璨)이라 하라" 하셨다. 그리고 그에게 가사와 발우를 전하였고, 다음 게송으로써 그에게 법을 잇도록 하셨다.

본래 인연 있는 땅에(本來緣有地)
땅을 인하여 종자에서 꽃이 남이라(因地種花生)
본래 종자가 있지 않으면(本來無有種)
꽃 또한 생겨나지 못하리(花亦不曾生)

30 승찬 존자(僧粲尊者)

혜가 존자의 법을 이어 '전법 제30조'가 된 승찬 존자는 혜가 존자의 법을 이은 후 많은 곳에 이르러 법을 전파하였다. 존자께서 한때 법의 모임 가운데 계실 때 한 사미(沙彌)가 있었으니, 그의 나이는 14세, 이름은 도신(道信)이라 하였다. 그 어린 사미가 존자를 찾아와 묻기를,

"어느 것이 부처의 마음입니까?"

"그대는 지금 무슨 마음인가?"

"저는 지금 무심(無心)입니다."

"그대도 무심이라면, 부처님께 무슨 마음이 있겠느냐?"

그 말을 들은 도신(道信)은, "원컨대 화상께서는 자비로써 해탈법문을 들려주십시오"(願和尙慈悲 乞與解脫法門) 하였다. 이에 존자께서 묻기를, "누가 너를 속박했는가?"(誰縛汝) 하였다. 도신이 말하기를, "아무도 속박한 이가 없습니다"(無人縛) 하였다. 그러자 존자께서는,

"이미 아무도 속박하는 이가 없을진대, 어찌 다시 해탈을 구한단 말인가?"(旣無人縛 何更求解脫) 하였다.

도신은 이 말에 크게 깨달은 바가 있었으며, 이후 9년간을 스승 곁에 머물다 길주(吉州)에서 구족계를 받고 승찬 존자를 뵈

니, 존자께서는 다음 게송과 함께 도신에게 법을 전해 주게 되었다.

꽃의 종자는 땅을 기인하는 것이니(華種雖因地)
땅을 좇아 종자가 꽃피움이로다(從地種華生)
만약 씨뿌리는 이 없게 될 적에(若無人下種)
땅이 다하도록 꽃도 생겨남이 없으리(華地盡無生)

③ 도신 존자(道信尊者)

승찬 존자의 법을 이어 '전법 제31조'가 된 도신 존자는 법을 이은 후 섭심(攝心)으로써 잠에 떨어지는 일이 없었으니, 60년을 눕지 않은 채 지냈다고 한다.

항시 파두산(破頭山)에 거주하였으니 수많은 학승(學僧)들이

모여들었다.

하루는 황매(黃梅)라는 지방을 찾았던 길에 길가에서 한 아이를 만나게 되었다. 나이는 7살 정도였는데 그 생긴 모습이 기특하여 존자께서 묻기를,

"너의 성(姓)은 무엇인가?(子何姓)" 이에 아이가 대답하기를,

"불성입니다(是佛性)" 하였다. 존자께서 말씀하기를,

"너에겐 성씨도 없단 말이냐?(汝無姓耶)" 하고 말하자,

"성품〔性〕이란 공(空)한 까닭입니다(性空故)"라고 아이는 대답하였다.

이렇듯 대화를 나누던 존자께서는 그 아이가 법기(法器)임을 아시고 그의 부모를 찾아 출가할 것을 허락 받으니, 그 아이의 이름은 홍인(弘忍)이요 이후 도신 존자의 법을 잇는 전법자(傳法者)가 되는 것이다. 이후 나이 72세가 되어 존자께서는 홍인에게 법과 함께 다음 게송을 전하니, 열반에 드신 지 4년이 지나도 생존시의 모습을 그대로 유지하였다고 한다.

꽃과 종자는 나는 성품이 있으니(華種有生性)
땅을 인하여 꽃의 성품 생겨남이라(因地華性生)
큰 인연이 믿음과 어우러질 때(大緣與信合)
생에 당하여도 불생을 생해야 하리(當生生不生)

32 홍인 존자(弘忍尊者)

도신 존자의 법을 이어 '전법 제32조'가 된 홍인 존자는 황매 사람으로, 그의 어머니가 임신했을 때 광채가 하늘을 꿰뚫었고 항상 이상한 향내음이 주위를 가득 채웠다 하니, 그 아이가 태어나자 관상쟁이가 말하기를 "이 아이는 부처님 상호 중 일곱 가지 거룩한 모습만 부족합니다"라고 하였다 한다.

도신 존자의 법을 이은 후 홍인 존자는 기주(蘄州) 땅에 있는 황매현(黃梅縣) 빙모산(憑母山)에 거주하며 법을 설하였는데, 어느 땐가 32세의 총각 하나가 홍인 존자를 찾아와 법을 구했던 적이 있었다. 그의 성은 노(盧)씨라 하였다. 이에 존자께서 묻기를,

"그대는 어디서 왔으며, 무엇을 구하고자 하는가?"

"저는 신주(新州)에서 왔으며, 부처 되기를 구하고자 합니다."

"영남(嶺南) 사람에게는 불성(佛性)이 없거늘, 어찌 법을 구하고자 하는가?"

"사람에게는 남북이 있으리오만, 어찌 불성에 남북이 있겠습니까?" 이에 존자께서 말씀하시기를,

"그렇다면 그대는 여기 있으며 무슨 공덕을 짓겠는가?"

"힘껏 돌을 지고 방아를 찧어 스승과 스님들을 공양코자 합니다."

그리하여 존자께서는 그를 행자(行者)로서 절에 머물게 하였는데, 노 행자(盧行者)는 하루 밤 하루 낮에 쌀 열두 섬을 찧으며 8개월간 그 절에 머물렀다고 한다. 그러던 어느 날 노 행자는 존자께 나아가 또다시 물었다.

"어떤 것이 대도(大道)의 근원입니까?"

"그대는 속인인데, 나에게 그런 일을 물어서 무엇하겠는가?"

"세상 진리에는 승(僧)과 속(俗)이 있겠지만, 도(道)에서야 어찌 사람을 고르겠습니까?"

"그대가 만일 그렇게 안다면 어찌 남에게서 찾으려 하는가?"

"그렇다면 밖에서 얻을 것이 아니겠습니다." 이렇듯 노 행자가 말하니, 존자께서는

"안에서 찾는다 해도 옳지 못하니라" 하시었다.

이후 시간이 흘러 존자께서 열반에 드시려 할 즈음, 제자들을 불러 말씀하시되

"바른 법 듣기 어렵고 거룩한 모임 만나기 어려운 바, 여러분은 오랫동안 내 곁에 머물러 왔으니 이제 여러분 스스로 본 바가 있으면 말해 보라. 만일 대의(大義)를 깨쳤으면 내 법의를 전하여 대를 잇게 하리니, 사량(思量)하면 맞지 않으며 견성(見性)한 사람은 언하(言下)에 알아볼 것이다" 하시었다.

그때 대중 가운데는 신수(神秀)라 불리는 스님이 있어 존자의 말씀을 듣고 붓을 들어 다음 게송을 썼다.

몸은 깨달음의 나무요(身是菩提樹)
마음은 밝은 거울과 같음이로다(心如明鏡臺)
때때로 부지런히 털고 닦아(時時勤拂拭)
먼지 끼임이 없게 하라(莫使有塵矣)

존자께서는 이 게송을 보고 대중들에게 말했다. "여러분이 만일 이 게송에 의지해 수행할진대, 악도(惡道)에 떨어짐을 면하고 견성(見性)할 것이리라."

이에 모든 대중이 이 게송을 외우게 되었다. 그때 방앗간에

서 일을 하다 이 게송을 읊고 있는 한 스님을 본 노 행자가 말하기를, "스님께서 나를 대신해서 게송 하나를 받아 써 주십시오. 나에게도 졸작이 하나 있습니다" 하며 다음 게송을 읊었다.

깨달음은 본래 나무를 의지하지 않음이요(菩提本無樹)
맑은 거울 역시 받침이 필요치 않음이라(明鏡亦無臺)
본래 한 물건도 없거늘(本來無一物)
어디 티끌이 끼일 것인가?(何假拂塵矣)

홍인 존자께서는 이 게송을 보시고 마음속으로 점두(點頭)한 뒤, 혹 다른 사람에게 해라도 입을까 두려워 신을 벗어 게송을 지워버렸다. 그리고 그 다음날 방앗간에 이르러 노 행자에게 이렇게 말씀하셨다.

"쌀이 다 익었느냐?" 이에 노 행자가 말하기를,

"쌀이 익은 지 오래이나, 아직 키질을 하지 못했습니다" 하였다. 이에 존자께서는 주장자(柱杖子)를 세 번 두드리고 가시거늘, 그 뜻을 알아차린 노 행자는 저녁 삼경이 되자 존자의 처소에 이르러 인사를 드렸다. 이에 존자께서는 노 행자에게 혜능이란 법호와 더불어 가사와 발우를 건네주셨으며, 다음 게송과 더불어 혜능에게 법을 건네주셨던 것이다.

뜻[情]이 있는 곳에 와 씨가 뿌려지니(有情來下種)
인연의 땅에 열매 생겨나네(因地果還生)
뜻이 없으매 씨앗도 없어(無情旣無種)
성품 또한 생겨남이 없음이로다(無性亦無生)

33 혜능 존자(慧能尊者)

홍인 존자의 법을 이어 '전법 제33조'가 된 혜능 존자는 일찍이 세살 적에 아버지를 여의고, 편모 슬하에서 나무를 팔아 가사를 돌보던 나무꾼 출신이었다. 그가 그렇듯 시골에서 생업을 위해 힘쓰고 있던 어느 날, 하루는 땔나무를 한 짐 지고 시장에 팔러 나가는 길에 탁발 차 독경을 하고 있는 한 스님을 만나게 되었다. 그 스님이 "응무소주 이생기심(應無所住 而生其心)"이란 『금강경(金剛經)』 구절을 외우고 있던 찰나였다.

"응당 머문 바 없이 그 마음을 일으키라"는 위 구절을 듣는 순간 혜능의 마음속에 크나큰 깨달음이 일었고, 이내 황매현의 동쪽 빙모산을 찾아 홍인 존자의 법을 구하였던 혜능은 오랜 숙업(宿業)의 힘에 의해 홍인 존자의 법을 이은 전법조사(傳法祖師)가 되었다.

이후 수많은 곳을 떠돌던 가운데 법성사(法性寺)에 이르러 지광(智光) 율사로부터 비구계를 받으니, 송나라 구나발마(求那跋摩) 삼장(三藏)이 "후일 육신보살(肉身菩薩)이 여기서 계를 받을 것이다"라는 예언의 말을 성취한 것이었다.

이어 혜능 존자께서는 그곳을 떠나 조계(曹溪)의 보림사(寶林寺)에 머무셨는 바, 한량없는 대중을 제도하셨으며 법의 감로(甘露)로써 많은 학승들을 두루 적셔 주었다고 전한다.

그가 비록 신표(信表)로서 여래의 가사는 후대에 전하지 않았으나 마음의 구슬을 환하게 밝히셨으니, 도를 얻은 이가 갠지스강의 모래알 수만큼이나 되어 제방에 두루 별같이 퍼졌다는 것이다.

존자께서 이르기를, "법이란 도(道) 있는 이가 얻고, 무심한 이가 얻는다"고 하였으니, 존자께서는 다음 게송을 남기신 채 신주(新州) 땅 국은사(國恩寺)에 이르러 열반에 들자 이상한 향기가 방안에 가득하고, 흰 무지개가 땅에 박히었다고도 전한다.

마음 땅에 모든 종자 머금었다가(心地含諸種)
단비에 모든 싹이 돋아나도다(普雨悉皆生)
꽃의 진실을 몰록 깨달을진대(頓悟花情已)
보리(菩提)의 열매는 자연히 맺게 되리라(菩提果自成)

이상 마하 가섭 존자로부터 혜능 존자에 이르는 '33조사'의 전법(傳法)을 거쳐, 이후에는 수를 헤아릴 수 없는 많은 선지식(先知識)들이 세상에 등장하게 된다. 그리고 부처님으로부터 이어져온 조사(祖師)의 법맥(法脈)은 이후 우리나라에까지 전승되기도 했는 바, 우리나라의 '구산선문(九山禪門)' 형성에 이르기까지 '한국 선종(禪宗)'의 개괄적 계보도(系譜圖)를 그려 보면 다음과 같다.(도표. 13)

이제 이 도표를 전제로, 앞서 언급했듯이 『조당집』에 등장하는 우리나라의 몇몇 스님들에 대한 사항을 정리해 보기로 하겠다. 여기 언급될 스님들은 우리나라 '구산선문' 형성에 직접적 영향을 미친 인물들로, 선사상(禪思想)의 발달에 큰 공헌을 했던 스님들이라 말할 수 있다.

이들에 대한 약전을 서술하는 가운데 우리는 〈선종 33조사 및 한국의 역대 선승들〉 항목 전체를 마감할 수 있을 것이다.

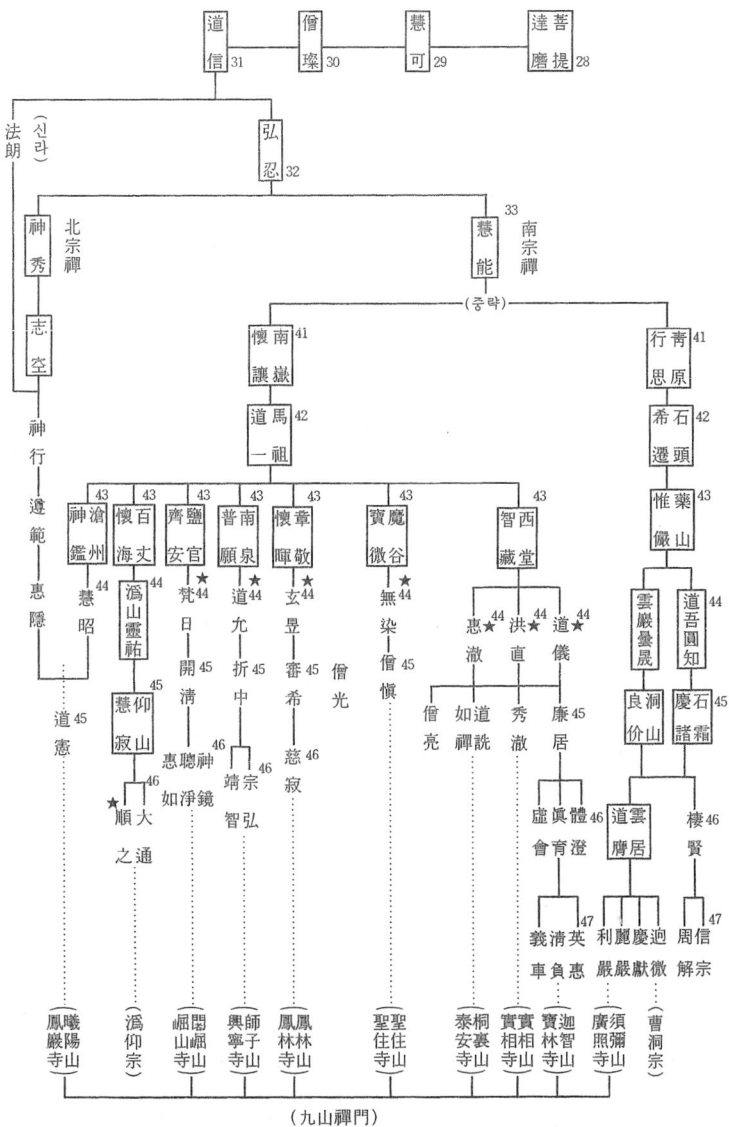

도표 13. '구산선문' 형성에 이르기까지 '한국 선종'의 개괄적 계보도

도표에 기입된 각각의 숫자는 마하가섭 존자로부터 이어진 전법조사의 대(代) 수를 표시한다. 또한 □칸 밖에 있는 인물들은 모두 한국 선승(禪僧)들에 해당한다.

위 도표를 참고해 볼 때 '구산선문'에로 이어지는 한국 선종 대부분의 맥락은 '북종선(北宗禪)'이 가미된 희양산문(曦陽山門)을 제외하고는 혜능 존자로부터 남악 회양·마조 도일로 이어지는, 그리고 청원 행사·석두 희천으로 이어지는 전통 '남종선(南宗禪)'의 맥을 잇고 있음을 알게 된다.(위 도표 가운데『조당집』에 등장하는 우리나라 스님들에 대해서는 ★표를 해 두었다.)

① 도의(道儀) 선사

도의 선사는 중국 마조 도일의 법을 이은 서당 지장의 전법제자로, '전법 제44조'에 해당된다. 우리나라 북한군(北漢郡) 사람으로 흰 무지개가 방안에 뻗어 들어오는 아버지의 태몽으로 태어났다고 기록된다. 선사가 탄생하던 날 저녁 한 스님이 석장(錫杖)을 짚고 문 앞에 와서 이르기를, "오늘 낳은 아이의 태를 강가의 언덕에 묻어 두시오" 하였다 한다. 그 스님의 말에 따라 강가에 태를 묻으니 큰 사슴이 와서 여러 해를 지키고 있었으며, 그곳을 오가는 사

람들도 그 사슴을 해치고자 하는 생각을 내지 않았다고 한다.

이러한 상서로운 일로 인해 출가하였기에 법명을 명적(明寂)이라 했으며, 이후 바다 건너 당나라로 구도의 길을 떠나게 된다.

이후 당나라 오대산에 이르러 문수보살을 친견한 후 보단사(寶壇寺)에서 구족계를 받은 스님은 조계(曹溪)의 조사당(祖師堂)에 참배코자 했는데, 그가 조사당에 이르자 문이 스스로 열렸고 참배를 마치니 문이 스스로 닫히는 이적이 생겨났다고 전한다.

이후 홍주(洪州) 개원사(開元寺)에 이르러 서당 지장 스님을 스승으로 모시고 마음의 깨달음을 얻게 되었는데, 그 스승께서는 "진실로 법을 전한다면 이런 사람이 아니고 누구에게 전하랴" 하며 그의 법명을 도의(道儀)라 고쳐 불렀다고 한다. 이후 도의 선사께서는 만행의 길을 떠나 당대의 선지식 백장 회해 스님을 섬기기도 하셨으니, 회해 스님은 "강서(江西)의 선맥이 모두 동국(東國; 우리나라)으로 돌아가는구나" 하고 한탄하셨다 한다.

우리나라 '구산선문' 중 하나인 '가지산문(迦智山門)'의 종조(宗祖)로, 그의 선풍은 현재 전남 장흥의 보림사(寶林寺)를 중심으로 꽃피었다.

② 범일(梵日) 선사

범일 선사는 중국 마조 도일 선사의 법을 이은 염관 제안의 전법제자로, '전법 제44조'에 해당된다. 경주 사람으로 그의 어머니가 해[日]를 받아  드는 태몽을 갖고 태어났으며, 태어날 때부터 머리의 육계가 올라 있었고 정수리에는 구슬이 박혀 있었다고 한다.

나이 15세에 부모의 허락을 받고 출가, 20세에 비구계를 받았으며, 배를 타고 당나라에 이르러 두루 선지식을 참문(參問)하던 끝에 염관 제안 선사를 만나게 되었다. 이때 염관 선사가 묻기를,

"어디서 왔는가?"

"동국(東國)에서 왔습니다."

"수로(水路)로 왔는가, 육로(陸路)로 왔는가?"

"두 가지 길을 모두 밟지 않고 왔습니다."

"그 두 길을 밟지 않았다면, 그대는 어떻게 여기에 이르렀는가?"

"해와 달에게 동(東)과 서(西)가 무슨 장애가 되겠습니까?"

이에 염관 선사께서 칭찬하여 말하기를, "실로 동방의 보살이로다" 하였다고 전한다.

이후 범일 스님은 염관 선사께서 말씀하신 "도는 닦을 필요가 없나니, 그저 더럽히지 마라. 부처라는 견해, 보살이란 견해를 짓지 마라. 평상의 마음이 곧 도이니라"는 말에 활짝 깨닫고 6년간을 모신 다음, 약산(藥山) 선사 및 조계(曹溪)의 탑묘를 참배한 후 우리나라에 돌아와 강릉의 사굴산(闍崛山) 굴산사(崛山寺)에 이르러 선법을 널리 펴셨으니, 그의 선풍은 '구산선문' 중 하나인 '사굴산문(闍崛山門)'으로 발전, 구산선문 중 가장 번창하였다.

③ 도윤(道允) 선사

도윤 선사는 마조 도일의 법을 이은 남전 보원의 전법제자로, 우리가 익히 알고 있는 중국의 조주 선사와 법형제간이 되며 '전법 제44조'에 해당

된다. 성은 박씨로 어머니 꿈에 이상한 광채가 방안에 가득한 것을 보고 태기가 있었으니, "만일 아이를 낳거든 출가시킵시다"라고 부모들은 말했었다 한다. 죽마(竹馬)를 끄는 나이에 꽃을 따다 불공을 하고, 양거(羊車)를 끄는 나이엔 탑을 쌓아 감정을 순화했다고 했으니, 나이 18세에 부모의 허락을 받고 출가하여 귀신사(鬼神寺)에 이르러 화엄학과 선을 참구하였다.

이후 당나라에 이르러 남전 보원 선사를 찾아 제자의 예를 갖추었다 하니, 남전 선사는 첫눈에 도(道) 있음을 알고서 "우리 종(宗)의 법인(法印)이 모두 동국(東國)으로 돌아가는구나"라고 말했다고 한다.

이후 한국에 돌아온 선사께서는 금강산 등을 거쳐 전남 화순의 쌍봉사(雙峰寺)에 이르러 종풍을 드날렸으며, 나이 71세에 이르러 "삶이란 한계가 있는 것, 나는 먼길을 떠나야겠다. 너희는 구름 쌓인 골짜기에 편안히 머물러 법의 등불 영원히 빛나게 하라"는 말씀을 남기고 열반에 들었다고 전한다. 그의 호는 철감(澈鑑)이요, 그의 제자 징효(澄曉)에 의해 그의 선풍이 꽃피었으니 영월 흥녕사(興寧寺)에 '구산선문' 중 하나인 '사자산문(獅子山門)'이 형성되어졌다.

4 무염(無染) 선사

무염 선사는 중국 마조 도일의 법을 이은 마곡 보철의 전법 제자로, '전법 제44조'에 해당된다. 경북 경주 태생으로 신라 무열왕(武烈王)의 8대손  에 해당된다. 어머니 꿈에 팔이 긴 하늘사람이 연꽃을 주는 것을 보고 태기가 있었으며, 12세에 설악산 오색석사(五色石寺)의 법성(法性) 스님에게 출가, 이후 당나라 불상사(佛爽寺)의 여만(如滿) 선사에게서 인가를 받았다. 그때 여만 선사가 말하기를, "내가 많은 사람을 겪었으나 이 같은 동국인(東國人)을 본 적은 드물다. 뒷날 중국에 선법(禪法)이 없어지면 동이(東夷)에게 물어야 될 것이다"라고 하였다 한다.

무염 선사는 이후 마조 도일의 전법제자 마곡 보철 선사를 찾았는 바, 마곡 선사께서 말씀하시기를,

"나의 스승 마조께서 나에게 예언하시기를, '만일 동쪽 사람으로서 눈에 띄게 두드러진 이를 만나거든 그를 길거리로 보내라. 지혜의 강물이 사해에 넘치게 되리니, 그 공덕이 적지 않으

리라' 하셨는데, 스님의 말씀이 그대에게 맞는도다. 나는 그대가 온 것을 환영하여 다시 동토(東土)에서 으뜸가는 선문(禪門)을 세우게 하노니, 가거라. 기꺼이 가거라"라고 하셨다.

이후 우리나라에 돌아온 무염 선사께서는 숭엄산 성주사(聖住寺)에 머물며 '구산선문' 가운데 하나인 '성주산문(聖住山門)'을 개창하셨으니, 1,000여 명의 스님들이 모여 그의 명성이 시방에 떨쳤다고 한다.

5 현욱(玄昱) 선사

현욱 선사는 마조 도일 선사의 법을 이은 장경 회휘(章敬懷暉)의 전법제자로, '전법 제44조'에 해당된다. 이상한 태몽에 의해 탄생한 선사는 어

렸을 적부터 불법을 좋아하였으며, 매양 물을 길어다가 물고기에게 주었고 모래로 탑을 만들더니 장년이 되자 출가하였다고 한다.

출가 이후 당나라의 태원부에 있는 몇몇 절들을 옮겨 다니며

공부를 하였으며, 이후 고국에 돌아와 실상사 및 혜목산(慧目山) 고달사(高達寺) 등지에 머물며 교화를 행하였다. 나이 82세, 승랍 60에 열반에 들었는데 갑자기 산골짜기가 진동하고 짐승이 슬피 울며 절의 종은 사흘 동안을 울리지 않았다 하니, 그의 선법(禪法)은 이후 창원 봉림사(鳳林寺)를 중심으로 확산, '구산선문' 가운데 하나인 '봉림산문(鳳林山門)'으로 발전되었다.

⑥ 혜철(惠徹) 선사

혜철 선사는 마조 도일의 법을 이은 서당 지장의 전법제자로, '전법 제44조'에 해당된다. 우리나라 '구산선문' 중 하나인 '동리산문(桐裏山門)'

의 종조로, 그의 선풍은 곡성 태안사(泰安寺)를 중심으로 꽃피었다.

⑦ 홍직(洪直) 선사

홍직 선사는 마조 도일의 법을 이은 서당 지장의 전법제자로,

'전법 제44조'에 해당
된다. 우리나라 '구산
선문' 중 하나인 '실상
산문(實相山門)'의 종
조로, 그의 선풍은 남
원　실상사(實相寺)를
중심으로 꽃피었다.

8 순지(順之) 선사

　순지 선사는 마조 도일 및 백장 회해, 위산 영우의 법을 이은 앙산 혜적 선사의 전법제자로, '전법 제46조'에 해당된다. 성은 박씨며 압록강 연안 사람이다. 태기가 있자 어머니의 꿈에 길상한 모습들이 보였으며 탄생시 상서가 있었으니, 옛 현인들의 경우와 같았다고 한다. 10살이 되자 학문을 좋아하고 큰 뜻을 읊어 청운(靑雲)을 능가하는 기개를 보이더니, 20세에 이르자 양친의 허락을 받고 오관산에 출가, 속리산에서 구족계를 받았다고 한다.

　이후 세월이 흘러 법을 구하고자 중국에 건너간 순지 선사께서는 앙산 혜적 선사에게 나아가 예를 올렸던 바, 앙산 선사께서는 다음과 같은 말씀을 건네셨다고 한다.

"온 것이 어찌 그리 늦었으며, 인연이 어찌 그리 늦었는가? 이미 뜻한 바가 있으니 그대 마음대로 머물라."

그리하여 순지 선사께서는 앙산 선사의 회상 가운데 머물게 되었으니, 그것은 마치 공자(孔子)의 제자 안회(顔回)가 공자를 따르듯 하였고, 마하 가섭이 부처님을 모시듯 하였다고 전한다.

이후 법을 이은 스님께서는 우리나라로 돌아와 오관산(五冠山) 용화사(龍華寺)에 머물며 '표상현법(表相現法)'을 중심으로 한 위앙종(潙仰宗)의 선풍을 크게 떨치었는 바, 65세의 나이로 입멸하시니 그 호는 요오 선사(了悟禪師)라 불리웠다.

이상 『조당집』에 등장하는 인물 외에도 우리는 수많은 한국의 역대 선승들을 언급할 수 있을 것이다. 곧 '전법 제31조'인 도신 존자(道信尊者)의 제자인 신라의 법랑(法朗) 선사 및 '전법 제33조'인 신수 대사(神秀大師)로부터 연유하는 북종선의 법맥을 이음과 동시에 마조 도일의 법을 동시에 잇기도 한 도헌(道憲) 선사, 그로부터 생겨난 '구산선문' 중 하나인 봉암사(鳳巖寺)의 '희양산문(曦陽山門)'이며, 동산 양개의 법손 이엄(利嚴) 선사로부터 생겨난 광조사(廣照寺)의 '수미산문(須彌山門)' 등을 포함한 수많은 선문(禪門)의 전법조사를 우리는 떠올릴 수 있다.

그러나 이상의 논의만으로 이 항목을 마무리 지으며, 원래의 관점인 예경문 해설에로 우리의 논의를 집중해 본다면, 이후 예경문은 ⑧에 이르러 앞의 모든 사항들을 종합한 불·법·승 삼보에의 귀의로 또다시 이어져, 그 삼보에 대한 예경의 가피력을 힘입어 온 법계의 모든 중생이 필경 성불에 이를 수 있기를 바란다는 내용으로 예경문은 마쳐지고 있다.

제4부 | 예불에 쓰이는 법구들

이상으로 우리는 '예불의 구성 및 그 내적 의미'와 그 각각의 '게송 및 문구'들에 대한 세부적 사항들에 대해 알아보았다. 이제 이 항목에서는 예불이라는 의례 가운데 등장하는 불교 특유의 법구들에 대해 알아보고, 그 각각의 형성 기원 및 상징성들을 살펴 보겠는 바, 이 항목을 마무리하는 과정에서 예불과 관련된 총체적 이해를 마감할 수 있을 것이다.

설명은 예불 진행에 따라 등장하는 법구들의 순서에 준한다.

1. 목탁(木鐸)

목탁은 불교 의식에서 가장 빈번히 사용되는 법구(法具)로, 원래 '불전사물(佛前四物)' 중 하나인 목어(木魚)가 변하여진 것

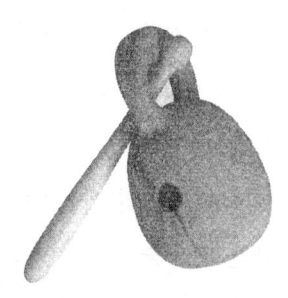

이다. 둥근 형태로 벌려진 앞부분의 입과 그 양옆의 눈, 그리고 손잡이 부분의 꼬리지느러미는 목어에서 비롯된 목탁의 외적 형태를 그대로 보여 주고 있다고 할 수 있다.

목탁은 둥근 나무의 안을 비게 만들어, 목탁채로 그것을 두드릴 때 공명(共鳴)의 울림을 형성케 하고자 하는 목적으로 제작된 것이다. 그 만드는 재료로는 대추나무 및 박달나무·은행나무·궤목 등을 사용함이 일반적이나, 살구나무로 만든 목탁에 대추나무의 목탁채를 사용하면 그 소리가 도솔천에까지 울려 퍼진다는 통념에 따라 살구나무

의 목탁을 선호하는 경향이 생겨나게 되었다.

목탁의 울림은 하나의 신호이다. 보통 길게 한 번을 큰 소리에서 작은 소리로 내려치면 공양(供養) 및 차담(茶談, 차와 간식) 준비가 되었으니 모이라는 뜻이요, 두 번을 내려치면 대중운력(大衆運力)을 알리는 것이다. 또한 세 번을 내려침은 강원(講院)의 간경(看經, 경전 공부) 및 선원(禪院)의 입선(入禪, 선수행) 시간이 되었음을 알리는 등, 목탁은 승원(僧院) 공동생활의 규범을 지시하는 신호로 사용되었던 것이다.

또한 아침 예불의 도량석이나 예경 및 독경(讀經)에 사용되기도 하는 목탁의 울림은 승원 내에 거주하는 전체 승려들에게 하나의 경책(警責)의 울림이 되기도 한다. 탐욕과 분노의 마음, 어리석음 속에 잠들던 우리의 마음을 일으켜 영원무구(永遠無垢)의 세계에로 우리를 인도해 주는 목탁의 울림은 전체 수행자들의 마음을 책려하는 도구인 동시에 내면적 상승을 불러일으키는 신호음이 되기도 한다. 언제나 눈을 감지 않는 물고기, 잠을 자면서도 눈뜨고 있는 물고기의 성질을 본떠, 수행자라면 의례 모든 순간에 마음의 각성(覺醒)을 유지해야 한다는 것을 목탁의 울림은 가르쳐 주고 있는 것이다.

이러한 의미에서 우리는 목탁의 성립에 얽힌 다음의 상징적 유래를 회고해 보기로 하자.

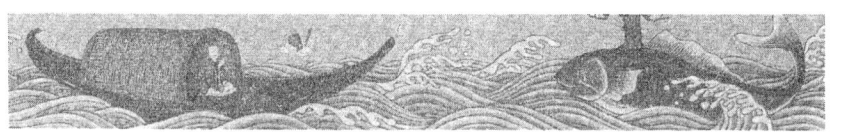

목탁의 기원 설화도(說話圖)

옛날 어느 절에 한 고승이 몇몇 제자들을 가르치며 살고 있었다. 그 가운데 한 제자가 있었는데, 스승의 가르침을 어기고 제멋대로 살며 계율을 어기다가 마침내 몹쓸 병에 걸려 죽음에 이르게 되었다. 죽은 이후 그 스님은 큰 물고기의 과보(果報)를 받고 세상에 다시 태어나게 되었는데, 등에는 커다란 나무가 솟아나 풍랑이 칠 때마다 많은 고통을 감수해야만 했다.

하루는 그의 스승이 배를 타고 강을 건너려는데 한 마리의 커다란 물고기가 뱃전에 머리를 들이대고 슬피 울부짖는 것이었다. 그를 이상하게 생각하신 스님께서 깊은 선정(禪定)에 들어 물고기의 전생을 관찰해 보니, 그 물고기는 이전 자신의 제자로, 방탕한 생활을 하다 죽어 물고기의 모습을 하고 태어나 이전 세상의 과보를 받고 있는 중임을 알게 되었다. 이에 가여운 생각이 든 스님께서는 수륙천도재(水陸薦度齋)를 베풀어 그를 물고기의 몸에서 벗어나게 하였는 바, 그날 밤 물고기의 몸에서 벗어난 제자는 스님을 찾아와 다음과 같이 말하였다.

'물고기의 몸에서 벗어나도록 해 주신 스승님 은혜에 참으로

감사드리며, 이제 다음 생에는 열심히 수행하여 스승님의 고마움에 보답코자 합니다. 그리고 하나의 청이 있는데, 제 몸 위에 나 있는 나무를 베어 물고기 모양으로 만들어 부처님 전에 매달아 매일 쳐주셨으면 합니다. 그리고 저의 전생 이야기를 들려주시면 그것은 수행자들의 경각심을 일으키는 데 많은 도움이 될 것이고, 그 소리를 들음으로써 강이나 바다에 사는 모든 중생들이 해탈을 얻을 수 있는 좋은 인연을 만나게 될 것입니다.'

이 말을 들은 스님께서는 물고기 등 위에 난 나무를 잘라 물고기 모양의 목어(木魚)를 만들었는 바, 그것을 울림으로써 많은 수행자들에게 경각심을 불러일으키고, 그 소리 들음으로써 물 속에 사는 모든 중생들이 해탈의 기쁨을 상기할 수 있게 되었다는 것이다.

이러한 의미를 안고 있는 목탁. 그 목탁에는 두 가지 종류가 있으니, 그 하나는 바닥에 놓고 치는 것이며 또 하나는 손에 들고서 치는 것이다. 바닥에 놓고 치는 것은 법당 안에서 독경을 한다던가 예불을 행할 때 사용하던 것으로 이것은 현재 중국·일본 등지에서 사용하고 있다. 원래 우리나라에서도 현재의 작은 목탁 대신 법당 바닥에 놓고서 치는 큰 목탁을 사용했다고 한다.

2. 금고(金鼓)

금고(金鼓)란 말 그대로 '쇠북'을 뜻한다. 법구의 일종으로 반자(飯子) 또는 금구(禁口)라 불리기도 하며, 절에서 대중을 불러모으거나 급한 일을 알리는 데 사용된다. 현재 금고는 아침 예불의 도량석에 이은 종송을 행함에 사용되며, 대종의 끝남과 함께 예경의 시작을 알리는 데 사용되고 있기도 하다.

그러나 '금구(禁口)'라는 이명(異名)에서 추측해 본다면 금고(金鼓)의 금(金)은 금(禁)을 뜻하기도 하여 모든 사람의 행위[口]를 금지하는[禁], 즉 승가의 모든 행위를 통제하는 목적으로 사용되었던 것임을 알 수 있다.

또한 '반자(飯子)'라는 이명에서 밥 반(飯)자를 미루어 생각할 때, 금고는 원래 공양의 시작을 알리는 등의 용도로 사용되었음을 또한 추정할 수 있다.

　금고는 얇은 북과 같은 형태로서 한쪽은 막고 한쪽은 터진 모양을 이루고 있으며, 막힌 쪽을 두드려 소리를 낸다. 금고의 표면에는 동심원과 더불어 연꽃 및 구름 문양이 새겨지기도 한다. 또한 그곳에 새겨진 명문(銘文)은 특정 사찰의 역사 연구에 귀중한 자료를 제시해 주기도 한다.

3. 불전사물(佛前四物)

불전사물(佛前四物)이란 법고(法鼓)·목어(木魚)·운판(雲版)·범종(梵鐘) 등 불교 의례에 사용되는 의식용 법구로서, 이 네 개의 법구〔四物〕 모두가 절의 불전(佛殿) 앞〔前〕에 놓여지는 까닭에 이를 '불전(佛前) 사물(四物)'이라 칭하게 된다.

아침과 저녁 예불의 진행 중 종송에 이어 울리게 되는 이들 '불전사물'은 그 자체의 상징적 의미를 갖고 있으며, 또한 우주론적 견지에서 이들은 우주 구성의 4요소인 지(地)·수(水)·화(火)·풍(風) 등 '4대(四大)'를 표현하고 있기도 하다.

즉 법고는 땅〔地〕을, 목어는 물〔水〕을, 범종은 불〔火〕을, 그리고 운판은 바람〔風〕을 각각 상징하고 있는 것이다. 이렇듯 우주 구성의 4대 요소, 이들 요소들을 상징하고 있는 '불전사물'은 범종루(梵鐘樓) 혹은 종고루(鐘鼓樓)라 불리는 전각(殿閣)에 안치되어 그 자체의 기능적 역할을 맡게 된다.

종고루
(鐘鼓樓)

범종(梵鐘)만을 안치해 두는 종각(鐘閣)·종루(鐘樓)와는 달리, 종고루에는 법고·목어·운판·범종 등 불전사물이 안치된다. 이들 각각 사물(四物)은 우주의 구성요소인 지(地)·수(水)·화(火)·풍(風) 등을 각각 상징한다.

이제 이들 '불전사물' 각각의 일반적 상징 및 의미성을 살펴보기로 하겠는데, 이를 통해 그들 각 법구들의 기능적 용도 또한 파악해 볼 수 있을 것이다.

1) 법고(法鼓)

법고란 북을 말한다. 그럼에도 장고·교방고·진고·입고·소리북·농악북 등과 같이 일반에서 쓰이는 북과는 달리 절에서 쓰는 불교 의식용 북을 따로이 '법고(法鼓)'라 부르는데, 법

(法)의 북, 즉 부처님 불법의 진리 싣고 울려 퍼지는 북을 일컫는다.

옛 인도에서는 북을 간타(ghanṭā)라 불러 시간을 알리며 대중을 소집하는 용도로 사용하였으며, 한역 경전에서는 이를 음역하여 '건치(揵稚)'라 표기하기도 하였다. 현장의 『대당서역기』에 의하면, 부처님 입멸 후 마하가섭은 부처님께서 남기신 말씀들을 결집코자 "수메루산(Sumeru, 수미산)에 올라 '간타(ghanṭā)'를 치면서 '이제 왕사성에서 부처님 가르침에 대해 일을 벌이려 합니다. 성과(聖果)를 증득한 사람들은 곧 집합해 주시기 바랍니다'고 외쳤는데, 그 '간타' 소리는 마하 가섭의 말을 전하여 삼천대천세계에 미쳤다"고 하는 바, 여기에서 우리는 애초 인도에서 사용되었던 북의 용도를 가늠해 볼 수 있게 된다.

둥근 나무 몸통에 그 양옆에는 각각 암·수소의 가죽을 대어 만든 북. 음양(陰陽) 화합의 소리를 싣고 막막한 대지에 가득 울리는 법고의 저음(低音)을 듣고, 땅 위에 사는 네 발 달린 짐승들은 마음의 평온을 얻게 된다고 말한다. 그 북소리는 우리의 귀에 닿는 것이 아니다. 우리의 마음 가까이 다가와 우리의 심금을 울린다. 그런 까닭에 우리는 북을 치는 가운데 북채로는 마음 심(心)자를 그린다. 마음 가득 북소리 닿을 수 있기를 기원한다는 뜻이다.

한편 우리는 『금광명최승왕경(金光明最勝王經)』 가운데서 북소리의 울림을 묘사한 다음 구절을 발견할 수 있다.

"보라, 이 빛나는 둥근 북을. 여기서 아름다운 소리가 난다. 그대는 이 소리의 본체가 무언지를 아는가? 그대는 왜 이 소리만 듣고 소리 없는 소리는 듣지 못하는가?"

아, 이렇듯 예불의 진행 가운데 울려 퍼지는 '소리 없는 소리', 우리는 그 소리를 듣는가?

2) 목어(木魚)

목어는 목어고(木魚鼓)・어고(魚鼓)・어판(魚版) 등으로 불린다. 나무로 물고기의 형상을 만들어 그 배 부분을 파내고 그 사이를 막대기로 두드리면 몸통 사이에서 생겨나는 공명(共鳴)의 울림은 그윽이 주변에 퍼지나니, 그 소리 듣고 물밑에 살고 있는 수중(水中) 중생들은 한없는 해탈의 마음 지녀 가질 수 있다는 것이다.

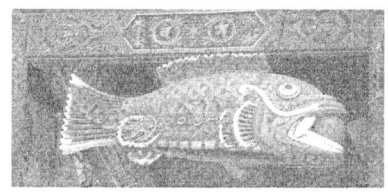

목어(木魚)
물고기 형상의 목어는 후대에 이르러 용(龍)의 머리에 물고기의 몸을 한 '용두어신(龍頭魚身)'의 형태로 발전된다. 물고기가 여의주를 얻어 용이 된다는 속설에 따라, 중생(衆生)이 오랜 수행을 통해 깨달음의 경지[覺]에 이르러 '깨달은 중생, 즉 각유정(覺有情)·보살(菩薩)이 되기 염원한다는 의미성을 그 안에서 찾아볼 수 있다.

중국 당나라의 백장 회해 스님이 선원(禪院) 생활의 규범을 적어 놓은 『백장청규(百丈淸規)』에 의할 것 같으면, 목어를 식당 혹은 행랑 등에 매달아 길게 두 번 두드려 공양 시간을 알렸고, 한 번 길게 두드려 대중에게 모일 것을 알렸다 하나, 후에는 독경을 한다든가 예불 시간을 알리는 등의 사용에로 그 용도가 변경되었다.

앞서 '목어의 유래'에서 살펴보았던 것처럼, 목어의 애초 물고기 형상은 후대에 이르러 용의 머리에 물고기의 몸을 한 '용두어신(龍頭魚身)'의 형태로 발전되기도 한다. 그것은 물고기가 여의주를 얻어 용이 된다는 속설에 따라, 중생이 오랜 수행을 통해 깨달음의 경지〔覺〕에 이르러 '깨달은(Bodhi, 覺) 중생(sattva, 有情)', 즉 각유정(覺有情)·보살(菩薩, Bodhisattva)이 되기를 염원한다는 의미성을 우리는 그 형상에서 찾아볼 수 있다.

3) 운판(雲版)

운판이란 원래 선종 사원에서 재당(齋堂; 공양하는 장소) 내지 고방(庫房; 공양 준비하는 곳)에 매달아 대중들에게 아침〔粥〕 및 점심〔齋〕의 공양시간을 알리기 위한 기구로 사용되었다. 즉 죽이나 밥을 끓일 때 세 번을 울렸던 까닭에 운판을 화판(火版)이라 부르기도 하였으며, 장판(長版)이라 하여 운판을 36번 연달아 침을 신호로 승당(僧堂)의 승려들은 자신의 발우를 선반에서 내렸던 까닭에 '장판'은 달리 '하발판(下鉢版)'이라 불리기도 하였다.

청동판을 납작하게 두들겨 구름 형상으로 만든 운판은 원래 부엌 등에 매달아 두었던 것으로, 구름이란 물[水]을 상징하는  까닭에 불[火]을 다루는 부엌 등에 운판을 매달아 불에 의한 화재를 방지하고자 하는 오행(五行) 상극(相剋)의 원리가 운판 가운데 내재해 있음을 우리는 알 수 있다.

그러나 현재 운판의 용도는 전이되어 조석예불시 울리는 '불전사물'의 하나로 끼이게 되었는 바, 이 운판을 울림으로써 허공세계를 날고 있는 수많은 중생들이 영원한 안식을 얻게 되기를 기원한다.

4) 범종(梵鐘)

우리나라의 경우 종(鐘)을 달리 동종(銅鐘)이라 부르고 있는데, 주로 철(鐵)로 만든 중국의 종과는 달리 우리의 종은 청동(青銅)으로 주조되는 까닭이다. 또한 우리는 종을 달리 범종이라 부르기도 하는 바, 그것은 이 종소리의 아름다움에서 연유한 것이라 하겠다. 즉 낮은 저음의 종소리는 우리 마음 깊숙한 곳을 울려 마음을 감동시키고, 우리 내면을 보다 상승적인 세계에로 이끌어 들이는 힘을 갖고 있는 까닭이다.

이렇듯 낮은 저음, 범종의 울림은 천상(天上)의 울림이다. '불교적 우주관'의 구성에 의할 것 같으면, 범종(梵鐘)의 '범(梵)'이란 우리가 사는 '욕계(慾界)'의 세계를 넘어 '색계(色界)' 초선천(初禪天)의 세계인 범천(梵天)을 일컫게 되는데, 그곳 범천의 소리와도 같은 종소리의 아름다움을 우리는 범음(梵音)이라 말하기도 하는 것이다.

"더~엉 ……" 소리를 내며 울리는 범종의 무게. 고대 인도에서는 이렇듯 웅장한 범종의 범음 속에 우주의 생성 및 소멸의 진리가 담겨 있다고 생각하기도 하였다. 그 범종의 울림소리를 '옴(唵, A-U-M)'이란 글자로서 형상화시킨 인도인들은 그 속에 '우주의 창조[A]'며 '보존[U]', 그리고 '파괴[M]'의 모습을 구현시키기도 하였던 바, 그들 인도인들에게 있어 범종의 울

림은 '우주적 질서' 그 자체를 뜻하기도 하였던 것이다.

우주 전체적 질서에 대한 몽상(夢想). 이 종소리를 들을 수 있는 자는 오랜 생사의 고뇌에서 벗어나 불과(佛果)를 증득할 수 있다고도 하였다. 이런 점에서 현존하는 국내의 가장 오래된 종 '성덕대왕 신종(聖德大王神鐘; 일명 에밀레종)'에 새겨진 명문(銘文)을 인용해 보면 다음과 같다.

"무릇 지극한 도(道)는 형상 밖의 모든 것을 포함하는지라. 보아도 능히 그 근원을 보지 못하고, 크나큰 소리〔大音〕천지에 진동하나 들어도 능히 그 소리 듣지 못하는도다. 그러한 까닭에 가설(假說)을 의지하여 진리의 오묘한 이치를 깨닫게 하고, 신종(神鐘)을 내걸어 일승법의 두루한 이치를 깨닫게 하는도다."

모든 중생의 깨달음을 염원하며 울려 퍼지는 종소리. 또한 이 종소리는 현세의 중생들뿐만이 아닌, 지옥에서 고통받고 있는 중생들을 위해 울리기도 한다. 전생의 업(業)의 과보에 따라 지옥에서 한없이 고통받고 있는 중생들도 종소리를 들으며 환희의 마음을 낼 수 있다는 것이니, 종소리를 듣는 사이에 악업의 고통이 사라져 순간의 기쁨과 휴식을 느낄 수 있게 된다는 것이다.

'연복사(演福寺) 종'에는 다음과 같은 명문이 새겨져 있다.

"부처님 말씀은 심히 깊도다. 지하에는 지옥이 있어 침침하여 만생만사(萬生萬死)의 고난을 감당하기가 어려워 취한 듯 꿈꾸는 듯 귀먹은 듯 벙어리 된 듯하네. 한번 종소리 들으니 모두가 마음을 깨고, 왕성(王城)은 연복(演福)으로 가득하네. 한번 종이 울리니 남염부제 진동하고, 하늘에 솟구치고 그윽한 어둠[地獄]에 스미나니 모두가 복을 받아 ……"

이렇듯 현세의 중생들뿐만이 아니라 지옥 중생들에 이르기까지 모든 만유의 생명체 모두가 깨달음에로 나아가기 기원한다는 것, 그리고 그 기원을 담고 울려 퍼지는 종소리. 그러므로 범종은 불교의 상징을 말하기도 한다. 종의 울림, 아니 범종 자체가 불교를 말하기도 하는 것이다.

4. 경쇠 (磬쇠)

'경(磬)'이란 원래 중국 고대 악기의 일종으로, 옥 또는 쇠로 만든 ∖자 모양의 판을 두드려 소리를 내게 만든 타악기이다. 이후 그것은 사찰 의례(儀禮)에로 도입되어 형태 및 용도에 변화를 갖게 되었다. 즉 발우(鉢盂) 모양으로 그 형태가 바뀌었으며, 동(銅)으로 만들어져 불전(佛殿) 앞 탁자 우측에 놓여 경전을 독송할 때 유나(維那) 소임을 맡은 스님이 그것을 두드려 경전 독송의 절도를 유지하기 위한 용도로 쓰여지게 되었던 것이다.

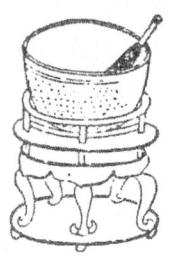

경(磬)
현재 중국의 불교의식에 사용되고 있는 경(磬)의 형태로, 방망이로 두드려 소리를 낸다.

이후 송나라를 거쳐 선종 사찰에 많이 보급된 경쇠[磬]는 시대의 흐름에 따른 또 다른 용도를 더하여 갖게 되었다. 즉 『백장청규』에 명기된 바에 의하면, 사중 어른께 객 스님이 문안을 올릴 경우 지객(知客) 스님이 경쇠를 3번 울려 동작을 제어하였으며, 예불 내지 독경시에 경쇠를 울려 일어서거나 혹은 앉게 하는 등 각각의 절도를 유지케 하였던 것이다.

인도 및 네팔에서도 불교 전통의례에 사용되고 있는 바, 현재의 모습으로서 경쇠는 바라(哖囉)와 같이 두 개가 한 벌로 이루어져 그것을 맞부딪쳐 소리를 내고 있다.

그러나 우리나라에서는 그 하나만을 사용하는데, 나무 손잡이를 부착한 경쇠를 왼손에 들고 오른손에 든 노루 뿔로써 그것을 쳐 소리를 내게 하는 방법으로, 그 울림에 따라 예불의 전체적 진행을 규제하고 있는 것이다. 현행 예불에서의 경우 '경쇠'의 사용은 아침 예불시 예경(禮敬)을 행할 경우에만 목탁 대신에 쓰이고 있다.

경쇠(磬쇠)

지은이 정각正覺

가톨릭대학 신학과 졸업 후 송광사에 출가, 통도사 강원講院을 졸업하였다. 동국대 대학원 불교학과 및 미술사학과를 수료, 철학박사 학위를 받았다. 무비스님을 법사로 강맥講脈을 전수하였으며, 조계종 교수아사리에 위촉되었다.

동국대 겸임교수, 중앙대 객원교수, 이화여대 객원교수 및 불교신문 논설위원, 경북 문화재위원, 문화재청 문화재위원, KCRP(한국종교인평화회의) 종교간대화위원장을 역임하였다.

현재 중앙승가대 교수 및 고양 원각사 주지로 있다. 『한국의 불교의례』 등 10여 권의 저서를 간행했으며, 「천수다라니에 대한 인도 신화학적 고찰」 등 40여 편의 논문을 저술하였다.

예불이란 무엇인가

개정판 1쇄 발행 2004년 1월 2일 | **개정판 2쇄 발행** 2023년 2월 28일
지은이 정각 | **펴낸이** 김시열
펴낸곳 도서출판 운주사

　　(02832) 서울시 성북구 동소문로 67-1 성심빌딩 3층
　　전화 (02) 926-8361 | **팩스** 0505-115-8361

ISBN 978-89-5746-108-2 03220　　값 13,000원

http://cafe.daum.net/unjubooks 〈다음카페: 도서출판 운주사〉